130 Keywords Europa

Springer Fachmedien Wiesbaden GmbH
Hrsg.

130 Keywords
Europa

2. Auflage

Hrsg.
Springer Fachmedien Wiesbaden GmbH
Wiesbaden, Deutschland

ISBN 978-3-658-39295-6   ISBN 978-3-658-39296-3 (eBook)
https://doi.org/10.1007/978-3-658-39296-3

Planung/Lektorat: Carina Reibold
Springer Gabler ist ein Imprint der eingetragenen Gesellschaft Springer Fachmedien Wiesbaden GmbH und ist ein Teil von Springer Nature.
Die Anschrift der Gesellschaft ist: Abraham-Lincoln-Str. 46, 65189 Wiesbaden, Germany

Inhaltsverzeichnis

Über die Autoren

Prof. Dr. Martin Klein   Martin-Luther-Universität Halle-Wittenberg
Themengebiet: Grundlagen der Internationalen Organisationen

Dr. Carsten Weerth   FOM Hochschule für Oekonomie und Management
Themengebiet: Europa, Organisation der Europäischen Union

Dr. Eggert Winter   Hessische Staatskanzlei
Themengebiet: Organisation der Europäischen Union

A

AASM

Abk. für *Assoziierte afrikanische Staaten und Madagaskar;* Gruppe von frankophonen Staaten. Vor Erlangung der staatlichen Souveränität waren die jeweiligen Territorien nach Maßgabe der Art. 198 ff. AEUV der Gemeinschaft (EWG) assoziiert. Nach ihrer Unabhängigkeit schlossen die AASM dann (erstmals am 20.7.1963) Assoziierungsabkommen i. S. d. Art. 217 AEUV mit der EWG (später der EG, nunmehr der EU) ab (sog. Jaunde-Abkommen).

© Springer Fachmedien Wiesbaden GmbH, ein Teil von Springer Nature 2023
Springer Fachmedien Wiesbaden GmbH (Hrsg.), *130 Keywords Europa*,
https://doi.org/10.1007/978-3-658-39296-3_1

AEUV

Abk. für *Vertrag über die Arbeitsweise der Europäischen Union*; durch den Vertrag von Lissabon erfolgte Umbenennung des *Vertrags über die Europäische Gemeinschaft* (EGV). Alle Art. des EGV werden mit dem AEUV neu nummeriert und ggf. neu gefasst. Die Europäische Gemeinschaft hat mit Wirkung vom 1.12.2009 ihre Rechtspersönlichkeit verloren und ist endgültig in der EU aufgegangen, die gleichzeitig Rechtspersönlichkeit gewonnen hat.

AKP-Staaten

1. *Begriff:* Unter der Bezeichnung AKP-Staaten wird eine Internationale Organisation von 79 Ländern in Afrika, Karibik und dem Pazifik – davon viele ehemalige Kolonien Frankreichs und Großbritanniens – verstanden. Gründung in der Georgetown-Vereinbarung, zuerst mit dem Ziel der wirtschaftlichen Kooperation.
2. *Bedeutung:* Die EU unterhält seit 1975 im Rahmen der Gemeinsamen Handelspolitik mit den AKP-Staaten Vertragsbeziehungen (Assoziierungsabkommen nach Art. 217 AEUV) über Handel, wirtschaftliche Kooperation und Entwicklung sowie Finanzhilfen (Lomé-Abkommen; seit 2000: Cotonou-Abkommen). Während zunächst Zollpräferenzen im Umgang mit den AKP-Staaten wichtig waren, und mit STABEX und SYSMIN zwei Verfahren zur Stabilisierung der Exporterlöse der AKP-Staaten etabliert wurden, haben sich die AKP-Staaten inzwischen zu ausbaufähigen Beziehungen zur Welthandelsorganisation – World Trade Organization (WTO) – entschlossen.

Amsterdamer Vertrag

1. *Charakterisierung:* Der Europäische Rat einigte sich am 16./17.6.1997 in Amsterdam über die Novellierung des EU-Vertrages (Maastrichter Vertrag); dieser erlangte zum 1.5.1999 Rechtskraft. Die Neuerungen

betrafen alle drei sog. EU-Säulen; anders als bei den früheren Vertrags-reformen überwogen die nicht ökonomischen Integrationsfelder. Die sog. erste Säule wurde im Wesentlichen in Gestalt der Neuaufnahme eines Beschäftigungskapitels sowie durch Einfügung des „Maas-trichter" Sozialprotokolls und durch die Einbeziehung des Schengener Abkommens (Freizügigkeit des innergemeinschaftlichen Personenver-kehrs) weiterentwickelt. Mit dem Ziel, die weltpolitische Rolle der EU zu stärken, wurden im Rahmen der GASP (sog. zweite Säule) einige begrenzte Verbesserungen der außenpolitischen Aktionsfähigkeit der EU erreicht. Zur Verbesserung des rechtlichen Schutzes der (Unions-) Bürger wurde die Zusammenarbeit in den Bereichen Justiz und Inne-res (sog. dritte Säule) durch eine Reihe von Neuerungen ausgebaut.

2. Eine prozedurale Neuerung stellte die Einführung des *Prinzips der Flexibilität* (nur erste und dritte Säule) dar: Unter Wahrung be-stimmter Voraussetzungen wurde es auf der Basis eines einstimmigen Ratsbeschlusses möglich, dass eine Gruppe von EU-Staaten, welche die Mehrheit der Mitgliedsländer umfasst, den restlichen Mitglieds-staaten integrationspolitisch (Vertiefung des Integrationsprozesses) voranschreiten kann. Außerdem wurde eine Sanktionsmöglichkeit gegen Mitgliedsstaaten eingeführt, die eine schwerwiegende und an-haltende Verletzung der Prinzipien und Grundrechte begehen (Art. 7 EUV, durch den Vertrag von Nizza präzisiert).

3. Die bedeutendste in Amsterdam erzielte *institutionelle Neuerung* war die beträchtliche Aufwertung, welche das Europäische Parlament als Mitentscheidungsorgan erfuhr. Insgesamt blieb jedoch speziell die Re-form der EU-Organe sowie die Reform der gemeinschaftlichen Ent-scheidungsverfahren weit hinter jenen Erfordernissen zurück, welche eine unerlässliche Voraussetzung dafür sind, dass die EU auch mit 25 bis 30 Mitgliedsstaaten funktions- und handlungsfähig ist. Um diesen und anderen vor der Ost-Erweiterung der EU zu überwindenden Mängeln abzuhelfen, wurden vom Europäischen Rat begrenzte Ände-rungen hinsichtlich der Stimmgewichtung im Europäischen Parla-ment und der Sitzverteilung im Rat der Europäischen Union vor-genommen. Ferner wurden die Regeln für sog. qualifizierte Mehrheitsentscheidungen modifiziert und die Möglichkeiten ihrer Anwendung auf zusätzliche Politikfelder ausgeweitet.

Anwendungsvorrang

Grundsatz, dass EU-rechtliche Normen bei einem Konflikt mit anderslautendem nationalem Recht vorrangig anzuwenden sind und dieses dann nur insoweit angewandt werden darf, als es die volle Wirkung der gemeinschaftsrechtlichen Vorschrift nicht beeinträchtigt. Gilt nach der Rechtsprechung des Europäischen Gerichtshofs auch gegenüber nationalem Verfassungsrecht.

APS

Generalized System of Preferences (GSP); Handelspräferenzen der Europäischen Union zugunsten zahlreicher solcher Entwicklungsländer, die nicht in eines der Assoziierungsabkommen der EU eingebunden sind (spezifische Form von „Aid by Trade"). Dem von der EU (EWG) seit 1971 gewährten APS liegt eine entsprechende Empfehlung der UNCTAD zugrunde. Andere Industrieländer sind diesem Beispiel inzwischen gefolgt.

Das *Hauptmerkmal des APS-Konzepts* besteht darin, dass gewerbliche Erzeugnisse aus den Entwicklungsländern bei der Einfuhr in die EU ein pro Jahr mengenmäßig begrenzter Zollvorteil gewährt wird. Die Zollpräferenz (Präferenzzoll) wird ohne Reziprozität gewährt, d. h. Exporte aus der EU in die betreffenden Entwicklungsländer erhalten keine entsprechende Vergünstigung. Das APS stellt eine nach Art. XXIV GATT heute unzulässige Ausnahme vom Prinzip der Meistbegünstigung dar. Voraussetzung für die praktische Gewährung des *Präferenzzollsatzes* ist die Vorlage des *Präferenznachweises Form A* sowie der Nachweis der Beförderung aus dem betreffenden *Ursprungsland.* Nachweis der *Direktbeförderung* ist nicht mehr erforderlich.

Arusha-Abkommen

1. *Regionale Integration:* 1969 von den Ländern Kenia, Tansania und Uganda mit der EWG auf der Basis von Art. 238 EWGV (1958) für die Dauer von fünf Jahren geschlossenes Assoziierungsabkommen. Dieses entsprach (mit Ausnahme der Bestimmungen über die Ge-

währung von finanzieller Hilfe) inhaltlich weitgehend dem zweiten Jaunde-Abkommen.

2. *Politik und Zeitgeschichte*: Verhandlungen über Friedensabkommen nach einem etwa zweieinhalb Jahre andauernden Bürgerkrieg in Ruanda unter Federführung der Afrikanischen Union (OAU).

Assoziierungsabkommen

1. *Allgemein:* Völkerrechtliche Verträge, die bes. Beziehungen zwischen einer internationalen (oder supranationalen) Organisation und einem Nichtmitgliedsstaat begründen.

2. *Assoziierungsabkommen der EU:* Die EU-Verträge sehen *zwei verschiedene Formen* der Assoziierung Dritter vor. Hierbei handelt es sich um die nach Maßgabe von Art. 198 ff. AEUV vorgeschriebene Assoziierung sog. Überseeischer Länder und Gebiete *(konstitutionelle Assoziierung)* sowie um die Möglichkeit einer *vertraglichen Assoziierung* nach Art. 217 AEUV bzw. Art. 206 EAGV im Fall sonstiger Staaten oder internationaler Organisationen.

a) *Inhalt:* Die Regelungsgegenstände, die gegenseitigen Rechte und Pflichten (die nicht „symmetrisch" sein müssen) sowie die Intensität der Beziehungen können sehr unterschiedlich ausgestaltet sein.

b) Die *Zielsetzungen,* welchen die von der EU abgeschlossenen Assoziierungsabkommen dienen sollen, differieren beträchtlich:

(1) Vorbereitung des Partners auf einen etwaigen späteren Beitritt (z. B. Albanien, Serbien, Türkei);

(2) intensive Förderung der wirtschaftlichen Entwicklung der Abkommenspartner (AKP-Staaten);

(3) Förderung des gegenseitigen Freihandels bei gleichzeitiger Anpassung der Rechtsordnung der Partner an das Gemeinschaftsrecht (EWR-Abkommen (EWR) mit den EFTA-Staaten);

(4) Förderung der Systemtransformation und der Beitrittsfähigkeit (Europaabkommen mit ostmitteleuropäischen Reformstaaten);

(5) Stabilisierung einer Konfliktregion (Balkanstaaten, Ukraine).

c) *Voraussetzungen:* Auf Seiten der EU erfordert der Abschluss eines Assoziierungsabkommens Einstimmigkeit im Rat der Europäischen Union sowie ein Mehrheitsvotum im Europäischen Parlament. Soweit das Abkommen Gegenstände betrifft, welche in der Zuständigkeit der Mitgliedsstaaten liegen, bedarf es zum Inkrafttreten der Ratifizierung durch die Parlamente aller Mitgliedsstaaten der EU.

Asunción-Abkommen

Am 26.3.1991 von Argentinien, Brasilien, Paraguay und Uruguay unterzeichnetes Abkommen; Rechtsgrundlage für die Errichtung des Gemeinsamen Marktes Südamerikas – *Mercado Cumún del Sur*, MERCOSUR.

Ausfuhrprämie

Exportprämie; Vergütung bei der Ausfuhr bestimmter Waren; kann vom Staat oder von privaten Vereinigungen (Syndikaten) gewährt werden.

1. *Offene Ausfuhrprämien* sind relativ selten, da sie Dumping-Charakter haben und das Ausland leicht zu Gegenmaßnahmen anreizen.
2. Häufiger sind *versteckte Ausfuhrprämien* in Form von Zollrückvergütungen, Vorzugstarifen auf den Verkehrsmitteln, Steuerherabsetzungen etc.
   Auch der Devisenbonus stellt eine Art Ausfuhrprämie dar.

Ausschuss der Regionen (AdR)

1. *Charakterisierung:* Ausschuss der EU, mit der Aufgabe, die Tätigkeit des Rats der Europäischen Union (vormals Ministerrat) und der Europäischen Kommission beratend zu unterstützen (Art. 13 IV EUV und Art. 305–307 AEUV). Der Sitz des AdR ist in Brüssel. Der AdR ist ein Nebenorgan oder Hilfsorgan der EU. Dem AdR gehören nach Art. 305

AEUV eine maximale Anzahl von 350 Mitgliedern an Vertretern der regionalen und lokalen Gebietskörperschaften der EU-Staaten an (z. B. Länder, Provinzen, Departements, Kreise oder Gemeinden). Die Ausschussmitglieder sind an keine Weisungen gebunden, werden von den EU-Regierungen vorgeschlagen und vom Rat auf fünf Jahre ernannt. Seit dem Vertrag von Nizza müssen die AdR-Vertreter ein Wahlmandat ihrer Gebietskörperschaft innehaben oder einer gewählten Versammlung gegenüber verantwortlich sein. Die nationale Zusammensetzung ist in Art. 305 AEUV festgelegt und spiegelt in loser Form die unterschiedliche Größe der Mitgliedsländer wieder.

2. *Bedeutung:* Die Schaffung des AdR eröffnet den regionalen und lokalen Gebietskörperschaften erstmals die Möglichkeit einer gewissen Beteiligung am Willensbildungsprozess der EU. Seine Errichtung ist im Zusammenhang mit dem Subsidiaritätsprinzip (Art. 5 EUV) zu sehen und verfolgt das Ziel, eine größere Bürgernähe der Gemeinschaftsentwicklung zu gewährleisten. Die Anhörung des AdR ist besonders bei Vorhaben der Regional- und Strukturpolitik sowie vor der Entscheidung anderer Fragen zwingend vorgeschrieben, die Zuständigkeiten bzw. zentrale Interessen der Regionen betreffen (z. B. Bildung, Umwelt und Verkehr).

B

Binnenmarkt

1. *Allgemein:* Bezeichnung für einen internen Markt mit freiem Waren-
   und Dienstleistungsverkehr, mit freiem Kapitalverkehr sowie Freizügigkeit der Arbeitnehmer und Niederlassungsfreiheit der Selbst-
   ständigen (Wirtschaftsgebiet).
2. *Außenwirtschaft:* Von der EU verwendeter Begriff zur Kennzeichnung
   des gemeinsamen Marktes der EU.

© Springer Fachmedien Wiesbaden GmbH, ein Teil von Springer Nature 2023
Springer Fachmedien Wiesbaden GmbH (Hrsg.), *130 Keywords Europa*,
https://doi.org/10.1007/978-3-658-39296-3_2

Brexit

1. *Allgemeines:* Kunstwort, das aus *Britain* und *Exit* gebildet wird und für den Austritt des Vereinigten Königreichs Großbritannien und Nordirland (United Kingdom of Great Britain and Northern Ireland, Abk. UK) aus der Europäischen Union (EU) steht. Der geregelte Brexit ist mit Ablauf des 31.1.2020 mit Hilfe des Austrittsabkommens vollzogen worden. Bis Ende 2020 galt das UK weiter als zum EU-Binnenmarkt und der Zollunion gehörend. Ein nachfolgendes Handelsabkommen und Abkommen über die künftige Zusammenarbeit von EU und UK ist am 24.12.2020 ausgehandelt worden und für den Handelsteil in vorläufiger Anwendung – seit dem 1.1.2021 gelten weiter keine Zölle, aber alle Verbote und Beschränkungen des grenzüberschreitenden Warenverkehrs und viel mehr zollrechtliche Förmlichkeiten (Zollanmeldungen, Erhebung der Einfuhrumsatzsteuer).

2. *Referendum:* Beim Brexit-Referendum vom 23.6.2016 stimmten 51,9 % der Briten für einen Austritt aus der EU, 48,1 % stimmten für den Verbleib in der EU. Die Abstimmungsergebnisse unterschieden sich landesweit stark: Schottland und Nordirland sowie der Großraum London stimmten für einen Verbleib in der EU.

3. *Politische Folgen:* Premierminister David Cameron trat in der Folge zurück, Theresa May wurde neue Premierministerin des UK. Die Spitzen der EU (Präsident des Europäischen Rates Tusk, Kommissionspräsident Juncker und der damalige Präsident des EU-Parlaments Schulz sowie der seinerzeit amtierende Ratspräsident, der niederländische Premierminister Rutte) forderten einen sofortigen Antrag auf Austritt des UK nach Artikel 50 EUV. Der EU-Austrittsmechanismus mit der darin enthaltenen Frist von maximal zwei Jahren für die Austrittsverhandlungen ist erst mit der Antragstellung des UK aktiviert worden, die am 29.3.2017 erfolgt ist (der EU-Austritt hätte damit mit Ablauf des 29.3.2019 vollzogen werden sollen, wurde aber zweimal verschoben).Die Erste Ministerin Schottlands Nicola Sturgeon (Schottische Nationalpartei) bestand im Namen des schottischen Parlaments auf ein erneutes Referendum Schottlands über eine Unabhängigkeit – Schottland hatte mit über 60 % für einen Verbleib in der EU gestimmt und sich vorbehalten, bei „wesentlichen Ver-

änderungen im Vereinigten Königreich" ein erneutes Unabhängigkeitsreferendum durchführen zu wollen. Am Vorabend des Brexit-Antrags hatte das schottische Parlament Sturgeon mit Verhandlungen über ein zweites Unabhängigkeitsreferendum beauftragt. Die britische Premierministerin May hatte zuvor einem zweiten Referendum eine Absage erteilt. Am 27.6.2017 gab Sturgeon bekannt, die Ergebnisse der Brexit-Verhandlungen abzuwarten und erst danach über ein erneutes Unabhängigkeitsreferendum abstimmen zu lassen – abhängig von den Inhalten und Ergebnissen der Verhandlungen. Im April 2019 wurde unter dem Eindruck der schleppenden Brexit-Austrittsverhandlungen und des drohenden „No-Deal"-Brexits die Erste Ministerin Schottlands vom schottischen Parlament damit beauftragt, ein erneutes Unabhängigkeitsreferendum Schottlands herbeizuführen – entsprechende Gesetzgebung wurde vom schottischen Parlament auf den Weg gebracht. Premierministern May erteilte umgehend eine Absage an ein derartiges Ansinnen.

In Nordirland würde eine neue EU-Außengrenze zwischen der Republik Irland und Nordirland entstehen – die Brexit-Entscheidung hat zu einem Ansturm der Nordiren auf die doppelte irische Staatsbürgerschaft geführt (2016 beantragten knapp 65.000 britische Bürger die irische – doppelte – Staatsbürgerschaft; in der Folge des Brexit-Votums stieg die Zahl der Anträge um 40 %; im Jahr 2019 beantragten mehr als 900.000 britische Bürger die irische – doppelte – Staatsbürgerschaft). Auch in Nordirland hatte die Mehrheit von 55,8 % für den Verbleib des UK in der EU gestimmt (und die Fortsetzung des Friedensprozesses in Irland/Nordirland).

Politische Beobachter sehen die Einheit des UK durch den Brexit gefährdet. Ein Zerfall des UK und eine Abspaltung von Schottland, sogar von Nordirland und Wales, wird für möglich gehalten (Separatismus in der EU). Spanien hat in der Folge des Brexit-Referendums die Gebietsansprüche auf Gibraltar erneuert (wo auch eine neue EU-Außengrenze entstehen könnte) und Gibraltar will für einen Verbleib in der EU verhandeln. Politische Schäden für die EU (ggf. weitere Schwächung der EU und Forderungen von Nationalisten in anderen Mitgliedstaaten nach weiteren Austrittsreferenden bis hin zum Zerfall der EU, Krise der Europäischen Union) werden befürchtet.

Mit der förmlichen Antragstellung nach Artikel 50 EUV wurde der Fahrplan der Austrittsverhandlungen absehbarer. Innerhalb von zwei Jahren mussten die Verhandlungen abgeschlossen sein. Danach erfolgt der Austritt, es sei denn beide Verhandlungsparteien einigen sich über Verlängerungen der Verhandlungen und einen späteren Austrittszeitpunkt. Am 21.4.2017 kündigte Premierministerin Theresa May vorgezogene Neuwahlen an, um sich für den Brexit eine starke Verhandlungsposition zu verschaffen – die knappe absolute Mehrheit der Conservative Party von zehn Stimmen im Parlament sollte für eine bessere Verhandlungsposition deutlich ausgebaut werden. Im UK-Wahlkampf hat sich die Partei der Liberal Democrats für einen Verbleib in der EU ausgesprochen. Die Conservative Party strebt zur Not auch einen harten Brexit an, die Labour Party wirbt für einen weichen, verhandelten Brexit. Die Neuwahl am 8.6.2017 ergab den Verlust der absoluten Mehrheit für die Conservative Party und ein sog. „hung parliament", eine Situation ohne absolute Mehrheit für eine der beiden großen Parteien. Die Liberal Democrats waren im Wahlkampf mit einer Strategie gegen den Brexit (für den Verbleib in der EU) angetreten. Die europaskeptische Partei UKIP hat keinen Sitz im Parlament erhalten.

Die Conservative Party ist für die Bildung einer Minderheitsregierung auf die Stimmen der radikalen nordirischen Partei DUP (Democratic Unionist Party) angewiesen, mit der eine Duldung der Minderheitsregierung vereinbart worden ist (im Gegenzug erhält der Landesteil Nordirland zusätzliche Finanzzuwendungen in Höhe von 1,5 Mrd. Pfund). Politische Beobachter erwarteten eine Abkehr von harten Austrittsverhandlungen hin zu einer weicheren Austrittsstrategie. Am 21.6.2017 hat Queen Elizabeth II in der sog. Queen's Speech das Regierungsprogramm der Minderheitsregierung verlesen (pikanterweise mit einem blauen Hut mit gelben Sternen, welcher der Flagge der EU nachempfunden war), das sich schwerpunktmäßig mit dem Brexit und der inneren Sicherheit befasste – der Kurs für einen harten Brexit wird darin zunächst weiter verfolgt. Im Februar 2018 hat sich in London auf Grund der Verärgerung der Brexit-Gegner mit der Haltung und Performance der traditionellen politischen Parteien eine neue Pro-EU-Bewegung gegründet, die sich „Renew" nennt und der französischen „En Marche"-Bewegung nachempfunden sein soll. Im Juli 2018 traten Brexit-Minister Davis und Außenminister Johnson wegen des Streits über die Form des Brexit (harter Brexit oder weicher Brexit) von ihren Ämtern zurück.

Im Herbst 2018 forderten die Delegierten des Labour-Parteitags ein erneutes Referendum und die Parteispitze strebte eine erneute Neuwahl an.

Knapp 700.000 Menschen demonstrierten in London für ein erneutes Brexit-Referendum (Peoples Vote). Die schottische Erste Ministerin Sturgeon kündigte an, einem schwachen Brexit-Deal die Gefolgschaft im Parlament zu verweigern, ein erneutes Brexit-Referendum zu befürworten und ein erneutes Unabhängigkeitsreferendum für Schottland anzustreben. Nach Vorliegen des vorläufigen Brexit-Austrittsvertrags trat am 15.11.2018 im Streit um die Inhalte des Brexit Außenminister Raab zurück. Die Abstimmung über das Austrittsabkommen (die am 11.12.2018 stattfinden sollte) wurde am 10.12.2018 verschoben. Eine Zustimmung zum Brexit-Auskommen im britischen Parlament galt zu diesem Zeitpunkt als sehr unwahrscheinlich und eine Niederlage der Regierung drohte. Ein Misstrauensvotum gegen Theresa May wurde aus Reihen ihrer Partei gestartet und am 12.12.2018 abgehalten (darin wird ihr von der Mehrheit von 200 Abgeordneten das Vertrauen ausgesprochen bei 117 Gegenstimmen).

Premierministerin May hatte mitgeteilt, in der nächsten regulären Parlamentswahl nicht mehr anzutreten und Nachverhandlungen anzustreben – dieser Versuch scheiterte in der Folge. Die EU und alle 27 Mitgliedstaaten bekräftigten, dass nur dieses Brexit-Abkommen zur Abstimmung vorliege und keine Nachverhandlungen möglich seien. Erstmals teilt May mit, dass es bei einer anhaltenden Ablehnung des Austrittsabkommens im britischen Parlament zu einer Absage des Brexit kommen könnte. Ein zweites Referendum rückte angesichts des vorherrschenden Chaos in den Bereich der Möglichkeiten, wobei für alle Möglichkeiten Ende 2018 sehr großer Zeitdruck herrschte. Nach der am 15.1.2019 gescheiterten Abstimmung über das Brexit-Austrittsabkommen (202 Ja-Stimmen, 432 Nein-Stimmen; die größte Niederlage in einer parlamentarischen Abstimmung einer britischen

Regierung seit 1924) musste sich Theresa May einem von der Labour-Party eingebrachten Misstrauensvotum stellen, das sie mit 325
zu 306 Stimmen überstand. In der Folge traten aus Missbilligung der
Brexit-Politik der Parteien acht Mitglieder der Labour-Party und drei
der Conservative-Party aus und bildeten gemeinsam eine „Independent
Group" im britischen Unterhaus, aus der sich in der Folge eine neue
Partei gründete: „Change UK – Independent Party". Eine zweite Abstimmung über das Brexit-Abkommen scheiterte am 12.3.2019 (242
Ja-Stimmen, 391 Nein-Stimmen). Am 27.3.2019 versuchte Theresa
May die Stimmen für eine dritte Abstimmung über das ausgehandelte
Austrittsabkommen mit der Zusage zu erhalten, dass sie nach der Zustimmung dafür zurücktreten wird. Die dritte Abstimmung über das
Brexit-Austrittsabkommen scheiterte am 29.3.2019 mit 286 Ja- und
344 Nein-Stimmen. Das vorgesehene Austrittsdatum des UK wurde
dreimal verschoben: zunächst vom 29.3.2019 auf den 12.4.2019,
dann bis spätestens auf den 31.10.2019 (das UK kann bei einer Zustimmung zum Austrittsabkommen zu jedem 1. Tag des Folgemonats
austreten, dann allerdings mit einer Übergangsfrist bis 31.12.2020
und schließlich bis 31.1.2020, s. u. Verschiebung des Brexit). Diesen
sogenannten technischen Verlängerungen haben sowohl der Europäische Rat als auch das britische Parlament zugestimmt. Das UK hat
am 23.5.2019 an den Wahlen zum Europäischen Parlament teilgenommen. Premierministerin May geht erstmals im April 2019
ernsthaft auf die Labour-Opposition unter Jeremy Corbyn zu und versucht einen Brexit-Kompromiss auszuhandeln. Dieser scheiterte Mitte
Mai 2019. Für die Europa-Wahl werden EU-feindlichen und populis-
tischen Parteien Zuwächse vorhergesagt – tatsächlich gewinnt die neue
Partei EU-Exit mit knapp 32 Prozent der Stimmen im UK und die
Conservative Party wird mit nur 9 Prozent abgestraft (Labour erhält
nur 14 Prozent). Für einen Verbleib (Bremain) streiten inzwischen
mehrere Parteien: Liberal Democrats, Greens, Scottish National Party,
die neue Change UK – Independent Party und große Teile der Labour Party.
   Mitte Mai 2019 hat Premierministerin Theresa May unter sehr großem Druck ihren Rücktritt vom Parteivorsitz für den 7.6.2019 an-
gekündigt. Daher wird die Neubestimmung eines Premierministers

im Sommer 2019 erforderlich. Die Möglichkeit eines harten „No-Deal"-Brexit wurde damit am 31.10.2019 wahrscheinlicher, da mit Boris Johnson ein bekennender Brexit-Hardliner am 25.7.2019 neuer Premierminister des UK geworden ist, der in einer Kabinettsumbildung umgehend Brexit-Hardliner in sein Kabinett berufen hat. Der vormalige Brexit-Minister Dominic Raab wurde Außenminister, der bisherige Umweltminister Michael Gove wurde Finanzminister. Insgesamt 17 Minister aus dem May-Kabinett traten zurück oder wurden ersetzt (als prominente Europa-freundliche Minister Jeremy Hunt und Philipp Hammond). Johnson kündigte an, das UK auch ohne Deal am 31.10.2019 aus der EU zu führen, die Opposition im Parlament kündigte an, dieses zu verhindern. Der irische Premierminister Leo Varadkar forderte angesichts des drohenden harten Brexit die Wiedervereinigung Irlands und Nicola Sturgeon kündigte für 2020 im Fall des Brexits eine erneute Volksabstimmung über die Unabhängigkeit Schottlands an. Nach der Sommerpause des Parlaments im September 2019 eskalierte der parlamentarische Streit über den Brexit. Die Parlamentspause (Prorogation) zur Unzeit und in ungewöhnlicher Länge von fünf Wochen führte zu einer verfassungsrechtlichen Krise (s. u.). Teile der Bevölkerung sprachen vom Staatsstreich oder *Coup d'etat*. Vor dem Regierungssitz Downing Street No. 10 skandierten Demonstranten „Shame on you". Der Sprecher des Parlaments John Bercow kündigte für den 31.10.2019 seinen Rücktritt an. Am 29.10.2019 wurden zehn verbannte Abgeordnete wieder in die Fraktion der Conservative Party aufgenommen und das britische Unterhaus beschloss mit einfacher Mehrheit ein Gesetz zur vorgezogenen Neuwahl am 12.12.2019 – die zweite vorgezogene Neuwahl auf Grund des Brexit.

Aus dieser gingen die Conservative Party und der neue Premierminsiter Boris Johnson als deutlicher Sieger hervor. Die nun alleine regierenden Tories hatten einen Vorsprung von mehr als 80 Sitzen auf die Opposition. Die bisherigen Rebellen zogen nicht wieder in das Unterhaus ein. Ein geregelter Brexit mit Ablauf des 31.01.2020 wurde damit sehr wahrscheinlich. Am 20.12.2019 hat das britische Unterhaus die ersten beiden Lesungen des Brexit-Gesetzes erfolgreich vorgenommen. Am 23.1.2020 haben das britische Parlament und das Oberhaus das Brexit-Gesetz (European Union [Withdrawal Agreement] Bill

2019–20) verabschiedet. Am 24.1.2020 hat die Europäische Kommission das Austrittsabkommen unterzeichnet (Von der Leyen/Michel). Das Europäische Parlament hat dem Austrittsabkommen am 29.1.2020 zugestimmt, so dass ein geregelter (deal) Brexit mit Ablauf des 31.1.2020 vollzogen worden ist. Das Schottische Parlament bekräftigte am 31.1.2020 mit dem Austritt den Willen für ein zweites Unabhängigkeitsreferendum. Bis Ende 2020 galt das UK weiter als zur EU, dem Binnenmarkt und der Zollunion gehörend. Im Dezember 2020 bekräftigte die First Ministerin Schottlands, Nicola Sturgeon, die unabhängige Nation Schottland in die Europäische Union zurückzuführen. Ein zweites Unabhängigkeitsreferendum strebt sie zeitnah nach der Wahl zum schottischen Parlament 2021 an. Die britische Regierung weist diese Forderung weiter strikt zurück.

4. *Wirtschaftliche Folgen:* Wirtschaftliche Auswirkungen sind seit dem Bekanntwerden des Brexit-Votums erkennbar (zunächst Wechselkursschwankungen, gefallender Kurs des britischen Pfundes um ca. 15 %, veränderte Investitionsentscheidungen, Verlagerung von Firmensitzen, Verlagerung von logistischen Lieferketten). Mit dem UK wird die zweitgrößte Volkswirtschaft und der zweitgrößte Netto-Zahler die EU verlassen. Dabei ist das UK für die EU und die EU für das UK jeweils ein sehr wichtiger Handelspartner, wobei es deutliche Unterschiede zwischen den Mitgliedstaaten gibt (so sind Deutschland und Irland im Handel und Luxemburg bei Dienstleistungen besonders eng mit dem UK verknüpft). Kurzfristig verlor das Pfund gegenüber dem Euro an Wert und erreichte den niedrigsten Stand seit 1985. Auch an den Aktienmärkten waren weltweit Kursverluste zu verzeichnen, die jedoch wieder aufgeholt worden sind. Im Jahr 2016 sanken die deutschen Exporte in das UK um 3,5 %. Seit dem Brexit-Votum hat der Kurswert des Pfundes nachhaltig nachgegeben. Nach dem Antrag auf Austritt aus der EU (der mit Artikel 50 EUV erst durch den Vertrag von Lissabon in den EUV eingeführt worden ist), ist die zweijährige Frist für Verhandlungen über den Austritt in Kraft getreten. Die Wirtschaft wird in dieser Zeit (und ggf. weit darüber hinaus) mit der Unsicherheit leben müssen, dass genaue Inhalte des Austritts unklar sind (bzw. Übergangsregelungen bis zur endgültigen Umsetzung des vollständigen Brexit gelten). Aber auch nach Ende der Austrittsver-

handlungen kann es bei deren Scheitern zu einem harten, ungeregelten Brexit kommen. Viele Unternehmen verzichten daher auf neue Investitionen im UK und ziehen Personal und Investitionsgüter ab. Ein Austritt wird vollständig sein müssen – ein Austritt nur aus der Personenfreizügigkeit/Niederlassungsfreiheit und eine Beibehaltung des Binnenmarktes, der Warenverkehrsfreiheit und des freien Kapitalverkehrs wird es nicht geben (Kanzlerin Merkel: „Kein Rosinenpicken"). Aus dem UK ist die Haltung bekannt, dass das Brexit-Votum unumkehrbar ist und umgesetzt werden muss (Premierministerin May: „No exit from Brexit") – diese Haltung wurde im Januar 2018 erneut von Theresa May bekräftigt. Am Ende der Austrittsverhandlungen im Herbst 2018 änderte sich die Haltung von Theresa May in „Any Brexit deal is better than no deal". Ende 2018 aktivierten immer mehr britische Unternehmen ihre Notfallpläne, da die Wahrscheinlichkeit eines harten Brexit stark angestiegen war. Der Europäische Rat verstärkte mit seinen Schlussfolgerungen vom 13.12.2018 die Warnung vor einem harten Brexit und rief zu verstärkten Notfallplanungen auf, was bis Ende März 2019 mehrfach wiederholt worden ist. Nach der Verschiebung des Brexit-Datums auf den 31.10.2019 und der Bestimmung von Boris Johnson zum neuen Premierminister im Juli 2019 sowie seiner erfolgreichen Wahl zum Premierminister mit der Parlamentswahl vom 12.12.2019 wurde der geregelte Brexit mit Ablauf des 31.1.2020 stark erhöht (s. u.).

5. *Brexit-Wirtschaftsprognosen:* Bereits vor dem Brexit-Referendum lagen der britischen Regierung nachteilige Wirtschaftsprognosen vor, welche den Bürgern verschwiegen wurden: eine 201-seitige ökonomische Studie kam zum Schluss, dass jedem Haushalt im UK durch den Brexit ein 3–10-prozentiger Einkommensverlust drohe. Verschiedene wirtschaftliche Prognosen sind nach dem Brexit-Referendum zu den Brexit-Folgen veröffentlicht worden, die sich – wie so oft – teilweise widersprechen. In der Mehrheit sind die Prognosen jedoch negativ: Bis Ende 2019 könnten im UK rund 950.000 Arbeitsplätze vernichtet werden. Kosten des Brexit belaufen sich für das UK bis zu 130 Milliarden Pfund (knapp 155 Milliarden Euro) bis Ende 2019, voraussichtlich bis 200 Milliarden Pfund (knapp 238 Milliarden Euro) bis Ende 2020. Wohlstandsverluste könnten für das UK langfristig sogar bis zu

300 Milliarden Euro erreichen. Die OECD prognostiziert je nach Szenario statistisch für jeden britischen Haushalt Einbußen zwischen 1500 und 5000 Pfund (umgerechnet 1900 bis 6500 Euro). Der Internationale Währungsfonds (IWF) hat nach dem Brexit-Votum seine Wachstumsprognosen für die Weltwirtschaft für 2016 und 2017 jeweils um 0,1 Prozent auf 3,1 und 3,4 Prozent nach unten korrigiert. Die Wachstumsprognose für das UK senkte er für 2016 von 1,5 auf 1,3 Prozent und für 2017 um 0,9 Prozent von 2,2 auf 1,3 Prozent.

Im Jahreszeitraum 2016–2020 sind die Wachstumserwartungen des BIP im UK um 5 Prozent geringer als vor dem Brexit. Im Jahreszeitraum 2016–2019 blieb das Wirtschaftswachstum des BIP im UK um 3 Prozent unter dem erwartbaren Wert vor dem Brexit- Referendum. Die britische Automobilwirtschaft warnte bei einem ungeregelten (nodeal) Brexit vor zusätzlichen Kosten von 50.000 Euro pro Minute auf Grund von Grenzverzögerungen und neuen Zollbelastungen.

Diese Prognosen bildeten nicht die möglichen Einbußen auf Seiten der EU und ihrer Mitgliedstaaten ab, die ja jeweils Handelspartner des UK sind und nun höhere Handelsschranken zu erwarten haben (Einfuhrzoll, höhere Einkaufspreise, etc.). Eine Studie des ifo-Instituts im Auftrag des Bundesministeriums für Wirtschaft und Technologie (BMWi) kam im Juni 2017 zum Schluss, dass der Brexit für das UK deutlich negativere Folgen haben wird, als für Deutschland und die Mitgliedstaaten der EU.

Auf Seiten der EU sind Einbußen der EU-Fischer bekannt (v. a. Fischer aus Frankreich, Irland, Spanien, Deutschland und Dänemark), die in den Küstengewässern des UK fischen. Auch die voraussichtlichen Einbußen der Automobil-Zulieferer in Deutschland können bei einem harten Brexit dramatische Auswirkungen haben, da der Brexit zu Umsatz-Einbußen von knapp 4 Mrd. Euro führen könnte und in Deutschland knapp 14.000 Arbeitsplätze in Gefahr sind. Knapp 20 Prozent der im UK verbauten Autoteile kommt aus Deutschland. Mit 7,3 Mrd. Euro ist das UK der größte Absatzmarkt der deutschen Autozulieferer innerhalb der EU. Insgesamt sind knapp 43.000 Arbeitsplätze in der deutschen Automobil-Zulieferindustrie unmittelbar und mittelbar vom Handel mit dem UK abhängig. Im November 2018 gaben Brexit-Berater und der Schatzkanzler Hammond erstmals öffentlich zu, dass der Brexit ökonomisch schädlicher ist, als ein Verbleib in der EU.

6. *Auswirkungen auf die EU:* Die Bestrebungen von Rechtspopulisten und Nationalisten, in den jeweiligen Mitgliedstaaten einen EU-Austritt anzustreben (EU-kritische Parteien und Populisten), sind neben dem Brexit (Mit-)Auslöser und zugleich Folge der Krise der Europäischen Union. Die EU versucht, mit einem erhöhten Zusammenhalt zu reagieren, u. a. mit dem Juncker-Plan der Europäischen Kommission (Weißbuch zur Zukunft Europas) sowie mit der Europäischen Union der verschiedenen Geschwindigkeiten und der Verstärkten Zusammenarbeit. Die konkrete Entflechtung der wirtschaftlichen und politischen Beziehungen hat im Sommer 2017 begonnen, weil zwei EU-Agenturen, die bislang im UK (in London) angesiedelt waren, ihren Sitz verlegten: die Europäische Bankenaufsichtsbehörde und die Europäische Arzneimittel-Agentur. Interessierte Mitgliedstaaten sollten bis 31.7.2017 ihre Bewerbung für diese Agenturen abgeben und der Rat der Europäischen Union hat im November 2017 deren Neuansiedlung für Paris (Bankenaufsichtsbehörde) und Amsterdam (Arzneimittel-Agentur) beschlossen. Banken verlagerten bereits seit Sommer 2017 tausende von Mitarbeitern von London nach Dublin, Frankfurt am Main und Paris, da sich mit dem Brexit die Rahmenbedingungen für die Geschäftstätigkeit von Finanzdienstleistern ändern. Im Herbst 2017 wurde erstmals öffentlich die Mehrbelastung der verbleibenden EU-Mitgliedstaaten und insbesondere Deutschlands nach dem Brexit (und dem Wegfall des zweitgrößten EU-Nettozahlers – im Jahr 2015 hatte das UK trotz des sogenannten Britenrabatts 11,5 Mrd. Euro in den EU-Haushalt eingezahlt; Deutschland war mit 14,3 Mrd. Euro größter Nettozahler) – thematisiert. Eine Prognose des Europäischen Parlaments geht von einer jährlichen Mehrbelastung von 10,2 Mrd. Euro für die verbliebenen EU-Mitgliedstaaten aus. Deutschland wird davon voraussichtlich 3,8 Mrd. Euro jährlich zahlen müssen (dabei handelt es sich um eine Steigerung von 16 % für den ohnehin mit Abstand größten Nettozahler des EU-Haushalts). Mit dem Datum des Austritts verlieren die britischen EU-Abgeordneten ihren Sitz im Europäischen Parlament, die Kommission hat keinen britischen Vertreter mehr und auch in allen ande-

ren Organen (EuRH, EuGH, EZB, Rat) verlieren die Briten die Mitgliedschaft und jegliches Mitspracherecht. Das bei der Europäischen
Zentralbank (EZB) einbezahlte Gründungsvermögen des UK wird
nach dem Brexit zurückgezahlt. Der drohende Brexit hat auch ganz
konkrete Auswirkungen auf die Einbürgerungen von britischen Staats-
bürgern in Deutschland. Im Jahr 2017 erwarben nach Angaben des
Statistischen Bundesamts knapp 7500 Briten die deutsche Staatsbürgerschaft – das waren 162 % mehr als im Jahr 2016 (2865 Einbürgerungen; 2016/2017 gemeinsam: 10.358 Einbürgerungen). Im
Zeitraum 2000–2015 erwarben 5092 britische Staatsbürger die deutsche Staatsbürgerschaft. Auch bei den Firmenansiedlungen britischer
Unternehmen profitiert Deutschland im Jahr 2017 nach Angaben der
Germany Trade and Invest (Gtai) mit 152 Ansiedlungen britischer
Unternehmen (v. a. Finanzdienstleister, Unternehmensdienstleister,
IT-Unternehmen und Softwareentwickler). Das UK hat mit Ablauf
der Amtszeit der Juncker-Kommission es bis Mitte November 2019
verpasst, einen Kommissar für die neue Von-der-Leyen-Kommission
zu benennen, die am 1.12.2019 ihre Arbeit aufnehmen sollte. Die
Europäische Kommission hat daher am 14.11.2019 das Vorverfahren
für ein Vertragsverletzungsverfahren vor dem EuGH begonnen.Mit
dem Zeitpunkt des Brexit (mit Ablauf des 31.1.2020) verringert sich
die Zahl der Abgeordneten im Europäischen Parlament von 751 auf
705. Das UK hat ab diesem Zeitpunkt keine Richter mehr am Europäischen Gerichtshof und dem Europäischen Gericht, keine Prüfer
mehr am Europäischen Rechnungshof. Allerdings verbleiben knapp
700 britische Beamte als feste EU-Beamte in der Europäischen
Kommission.

Mit Wirkung vom 1.2.2020 wurde eine Delegation der Europäischen Union im UK gegründet (in London).

7. *Künftige Handelsbeziehungen zwischen dem UK und der EU:*

Da viele Marktteilnehmer nicht hinreichend vorbereitet sind, wird
es ab 1.1.2021 zu erheblichen Verzögerungen in der Grenzabfertigung
zwischen dem UK und Frankreich, dem UK und Belgien sowie dem
UK und den Niederlanden kommen (Landstraßen, Bahn und Fährverkehr).

Einen Vorgeschmack auf die Verzögerungen an der Grenze gab der Corona-Weihnachtslockdown, der im Rahmen der COVID-19-Pandemie von Frankreich, Belgien, den Niederlanden und Deutschland gegenüber dem UK ausgesprochen wurde, um eine neue, sehr ansteckente Variante des SARS-CoV-2-Virus an der zügigen Ausbreitung zu hindern – die Folge war ein kilometerlanger Stau über Weihnachten vor Dover und Calais. Nicht vom Handelsabkommen umfasst (das nur den Warenverkehr regelt) ist der Handel mit Dienstleistungen (z. B. Beratung und Produkte v. Banken, Versicherung, Finanzprodukte), die 80 Prozent der britischen Wirtschaftskraft ausmachen. Vom Handelsabkommen und Zukunftsabkommen, dass 1246 Seiten umfasst, sind im Wesentlichen die folgenden Fragen geregelt: Der Handel mit Waren, die Fischerei, der Transport (Luftverkehr und Landstraßenverkehr), die Energieversorgung, die Soziale Sicherheit und Kurzzeit-Visa, die Sicherheitszusammenarbeit, die Wissenschaftskooperation und die Teilnahme an EU-Programmen, sowie der Streitbeilegungsmechanismus. Der Handelsteil wird nach Zustimmung der 27 Mitgliedstaaten (am 30.12.2020 erfolgt) und des UK (am 31.12.2020 erfolgt) vorläufig ab 1.1.2021 angewendet werden. Das UK verliert damit ab 1.1.2021 den Marktzugang für Finanz-Dienstleistungen. Weitere Verhandlungen sind auf diesem Gebiet für Frühjahr 2021 vorgesehen. Für die EU unterzeichneten am 30.12.2020 Kommissionspräsidentin von der Leyen und Ratspräsident Michel. Am 30.12.2020 stimmte das britische Unterhaus zu (mit 521 zu 73 Stimmen). Details zum britischen Überseegebiet Gibraltar sind weder im Brexit-Austrittsabkommen noch im EU-UK-Handels- und Kooperationsabkommen geregelt. Bilaterale Regelungen zwischen dem UK und Spanien wurden Ende 2020 erzielt, um bei Berufspendlern strikte Grenzkontrollen zu vermeiden. Das UK und Spanien haben dabei vereinbart, dass Gibraltar als zum Schengenraum zugehörig gilt (Gibraltar gilt seit 1.1.2021 als Eintrittspunkt von Spanien in den Schengenraum; Gibraltar selber kann nicht dem Schengenraum beitreten, weil es kein Völkerrechtssubjekt ist; die Grenzkontrollen auf dem Flughafen von Gibraltar werden von spanischen Behörden und der Europäischen Agentur für Grenz- und Küstenschutz FRONTEX durchgeführt).

Handelsstreit nach dem Brexit: Nach dem vollzogenen Brexit gehen die Auseinandersetzungen zwischen dem UK und der EU weiter, u. a. im Rahmen der Impfstoff-Diplomatie in der COVID-19-Pandemie (Ausfuhrbeschränkungen und Streit über nicht gelieferte Impfstoff-Dosen). Das UK beschließt einseitig, Übergangsfristen des Brexit-Austrittsabkommens zu brechen und die EU leitet Vertragsverletzungsverfahren vor dem EuGH ein.

C

CEFTA

Abk. für Central European Free Trade Agreement (dt. Mitteleuropäisches Freihandelsabkommen), das seit dem 1.1.2007 aus sieben Mitgliedstaaten besteht: Albanien, Bosnien und Herzegowina, Kosovo, Mazedonien, Montenegro und Serbien (Balkan-Länder) sowie Moldawien. Ziel ist der Abbau von Zöllen und nicht-tarifären Handelshemmnissen. Die Teilnahme am CEFTA gilt als Voraussetzung für einen möglichen Beitritt zur Europäischen Union (EU). Folgende CEFTA-Staaten haben 2017 den EU-Beitrittskandidatenstatus: Albanien, Mazedonien, Montenegro und Serbien (wobei mit Albanien und Mazedonien noch keine Beitrittsverhandlungen geführt werden).

© Springer Fachmedien Wiesbaden GmbH, ein Teil von Springer Nature 2023
Springer Fachmedien Wiesbaden GmbH (Hrsg.), *130 Keywords Europa*,
https://doi.org/10.1007/978-3-658-39296-3_3

COPA

1. *Begriff und Merkmale*: Abk. für *Comité des Organisations Professionelles Agricoles de la CEE; Ausschuss der berufsständischen landwirtschaftlichen Organisationen;* Interessenvertretung der Landwirte der EU-Mitgliedsstaaten; gegründet am 6.9.1958.
2. *Ziele:* Sicherung der Lebens- und Arbeitsbedingungen der Landwirte in der EU und Verbesserung von deren Einkommenssituation.
3. *Aufgaben:* Prüfung von den in Verbindung mit der Entwicklung der gemeinsamen Agrarpolitik stehenden Fragen; Vertretung von Interessen des Agrarsektors insgesamt; Kontaktpflege mit EU-Behörden und Sozialpartnern auf Unionsebene. Enge Zusammenarbeit – auch der Organe und Gremien.

COREPER

Ausschuss der ständigen Vertreter (AStV); Abk. für *Comité des Représentants Permanents;* Hilfsorgan des Rats der Europäischen Union (vormals Ministerrat). Ausschussmitglieder sind bei der EU akkreditierte ständige Vertreter der Mitgliedsstaaten (im Botschafterrang).

Aufgaben: Vorbereitung der Sitzungen des Rats (mit Ausnahme des Rats der Landwirtschaftsminister) sowie Ausführung von Aufgaben, die ihm vom Rat übertragen wurden (Art. 240 AEUV). Zur Erfüllung seiner Aufgaben kann der COREPER Unterausschüsse oder Arbeitsgruppen einsetzen.

D

DCFTA

Abk. für Deep and Comprehensive Free Trade Agreements (dt. „tiefe und umfassende" Freihandelsabkommen), die von der Europäischen Union (EU) im Rahmen der Europäischen Nachbarschaftspolitik (ENP) und insbesondere der Östlichen Partnerschaft den Partnerländern im Rahmen von Assoziierungsabkommen angeboten werden. Seit 2014 in Vorbereitung für Georgien, Moldau und die Ukraine. Im Rahmen von Twinning-Projekten werden die nationalen Zollverwaltungen an die rechtlichen und technischen Voraussetzungen herangeführt.

© Springer Fachmedien Wiesbaden GmbH, ein Teil von Springer Nature 2023
Springer Fachmedien Wiesbaden GmbH (Hrsg.), *130 Keywords Europa*,
https://doi.org/10.1007/978-3-658-39296-3_4

Divergenz-Indikator

EWS, Indikator bzw. Messzahl, von dem bzw. von der die Abweichungen der Wechselkurse einer Währung gegenüber anderen Währungen um einen bestimmten Prozentsatz angezeigt werden und somit die betreffende Zentralbank zu Interventionen verpflichtet wird.

E

EAG

EURATOM; Abk. für *Europäische Atomgemeinschaft.*

1. *Begriff:* Von sechs europäischen Staaten durch Vertrag vom 25.3.1957 gegründet, der gleichzeitig mit dem EWG-Vertrag am 1.1.1958 in Kraft trat. Mit dem Maastrichter Vertrag durch die Gründung der EU in die erste Säule der EU gerückt (sogenanntes Drei-Säulen-Modell). Seit dem Vertrag von Lissabon wurden die drei Säulen aufgelöst und in das Gemeinsame Haus der Europäischen Union überführt (sogenanntes *Gemeinsames-Haus-Modell*). Die EAG besteht neben dem EUV und dem AEUV weiter.
2. *Ziele:* Förderung von Kernforschung und Nutzung der Kernenergie.
3. *Organe:* Aufgrund der Fusionsverträge vom 8.4.1965 hat die EAG – bei Fortbestand des EURATOM-Vertrages (EAGV) – seit 1.7.1967 gemeinsame Organe (Versammlung, Ministerrat, Kommission, Gerichtshof) mit der EWG und EGKS.
4. *Aufgaben:* Durch Förderung der Forschung, Verbreitung technischer Kenntnisse, Entwicklung von Sicherheitsnormen für den Gesundheitsschutz der Bevölkerung und der Arbeitskräfte, Erleichterung der Investitionen, Zusammenarbeit mit anderen Ländern und zwischenstaatlichen Einrichtungen soll zugleich zur Hebung des Lebens-

© Springer Fachmedien Wiesbaden GmbH, ein Teil von Springer Nature 2023
Springer Fachmedien Wiesbaden GmbH (Hrsg.), *130 Keywords Europa*,
https://doi.org/10.1007/978-3-658-39296-3_5

standards in den Mitgliedsstaaten und zur Entwicklung der Beziehungen mit anderen Ländern beigetragen werden. Durch eine Diversifikation der Versorgungsgebiete und die Kontrolle von Verträgen (Importe müssen gemeldet werden) soll die Versorgungssicherheit erhöht werden.

5. *Ein gemeinsamer Markt für Kernbrennstoffe und Ausrüstung* bereits am 1.1.1959 verwirklicht.

6. Enge *Zusammenarbeit* mit der internationalen Energie-Agentur (IEA), der Kernenergieagentur (NEA), der OECD und der Internationalen Atomenergie-Organisation (IAEA).

EAGV

Abk. für *Vertrag über die Europäische Atomgemeinschaft*; der Gründungsvertrag der EAG (EURATOM-Vertrag) wurde am 25.3.1957 in Rom unterzeichnet (einer der sogenannten Römischen Verträge) und ist am 1.1.1958 zusammen mit dem EWGV in Kraft getreten. Nach dem Vertrag von Lissabon die letzte noch bestehende Gründungsgemeinschaft der Europäischen Gemeinschaften, die als Gemeinschaft innerhalb der EU weiter besteht. Der EAGV besteht neben dem EUV und dem AEUV.

EBRD

Abk. für *European Bank for Reconstruction and Development,* Europäische Bank für Wiederaufbau und Entwicklung (EBWE), sogenannte *Osteuropabank.*

1. *Charakterisierung:* Die EBRD ist eine internationale Organisation mit Sitz in London; wurde am 15.4.1991 errichtet. Mitglieder dieser regionalen Entwicklungsbank sind 61 Staaten und zwei zwischenstaatliche Institutionen (EU und EIB).

2. *Aufgaben:* Förderung des Übergangs zur offenen Marktwirtschaft in jenen Ländern Mittel- und Osteuropas sowie Zentralasiens, welche den Prinzipien der Mehrparteiendemokratie, des Pluralismus und der

Marktwirtschaft verpflichtet sind und sich von diesen Prinzipien leiten lassen. Im Gegensatz zur Weltbank IBRD und zum IWF hat die EBRD also ein politisches Mandat: Unterstützungen erhalten nur solche Länder, die den Demokratisierungsprozess (Mehrparteiensystem) vorantreiben. Zu ihrer Rolle als Katalysator des Wandels arbeitet die EBRD eng mit internationalen Finanzinstitutionen und anderen internationalen und nationalen Organisationen zusammen. Die Hauptformen der EBRD-Finanzhilfen sind Darlehen, Kapitalanlagen und Garantien. Außerdem leistet die EBRD Regierungsberatung bei Programmen zur Re-Strukturierung der Wirtschaft. Höchstens 40 Prozent ihrer Mittel dürfen in öffentliche Projekte fließen, angestrebt werden Kofinanzierungen. Bei Kofinanzierungen im privaten Sektor übernimmt die EBRD bis zu mehr als einem Drittel der Projektkosten bei einer maximalen Laufzeit von zehn Jahren zu Marktkonditionen. Die EBRD refinanziert sich über den freien Kapitalmarkt.

3. *Organisation und Finanzierung:* Oberstes Organ der EBRD ist der Gouverneursrat, in den jedes Mitglied einen Minister (i. d. R. Finanzminister) und einen Vertreter entsendet. Ihm unterliegen die Grundlagenentscheidungen, z. B. Aufnahme neuer Mitglieder, Kapitalmaßnahmen, Wahl des Direktoriums und des Präsidenten. Die Gouverneure wählen ein Exekutivdirektorium, das aus „hoch qualifizierten Wirtschafts- und Finanzleuten" besteht, die nicht Mitglied des Gouverneursrats sein dürfen. Das Direktorium entscheidet mit einfacher Stimmenmehrheit. Die laufenden Geschäfte obliegen dem Exekutivkommittee, dem Präsidenten, Vizepräsidenten, Chefökonomen, Justiziar und Generalsekretär.

ECOFIN

Kurzbezeichnung für den Rat der Europäischen Union (vormals Ministerrat), wenn dieser in Gestalt der Wirtschafts- und Finanzminister der Mitgliedsstaaten zusammentritt.

ECU

Abk. für *European Currency Unit, Europäische Währungseinheit.*
Währungskorb vor Einführung des Euro, der die Währungen aller
Mitgliedsländer der EU enthielt (seit Einführung des Euro weggefallen);
die anteilmäßige *Zusammensetzung* wurde wiederholt angepasst. Die
Schaffung von ECU erfolgte im EWS dadurch, dass die Mitgliedsländer einen bestimmten Prozentsatz ihrer Währungsreserven beim Europäischen Fonds für Währungspolitische Zusammenarbeit (EFWZ) zu
hinterlegen hatten und im Gegenzug dafür ein entsprechend großes Gut-
haben in ECU eingeräumt bekamen.

EEA

Abk. für *Einheitliche Europäische Akte.*

1. *Charakterisierung:* Die Vollendung der Zollunion (1.7.1968) zwischen
   den Mitgliedsstaaten der EWG machte es erforderlich, weitergehende
   Ziele im Sinn einer Vertiefung des Integrationsprozesses vertraglich zu
   vereinbaren. Die in den 1970er- und frühen 1980er-Jahren unter-
   nommenen Initiativen für eine Reform der drei Gemeinschaften
   (EWG, EGKS, EAG) führten jedoch nicht zu dem gewünschten Er-
   gebnis. Die Gesamtheit der zwischen den seinerzeit zwölf EG-
   Mitgliedsstaaten (EG) vereinbarten Änderungen der drei Gemein-
   schaftsverträge (EGKSV, EWGV, EAGV) wird als EEA bezeichnet.
   Nach Ratifizierung durch alle Mitgliedsstaaten trat die EEA am
   1.7.1987 in Kraft.
2. *Inhalt:*

   a) *Kernelement der EEA* war die vertragliche Festlegung, die bestehende
      Zollunion bis zum 31.12.1992 durch eine schrittweise Reduzie-
      rung der wichtigsten innergemeinschaftlichen nicht tarifären Han-
      delshemmnisse zum sog. *Einheitlichen Binnenmarkt (Gemeinsamer
      Binnenmarkt)* auszubauen.

   b) Die *Mitwirkungsmöglichkeiten des Europäischen Parlamentes (EP)* im
      Rahmen der gemeinschaftlichen Entscheidungsprozesse wurden

durch die Schaffung des sogenannten *Kooperationsverfahrens* (Art. 294 AEUV) verstärkt.

c) Die EEA hat ferner eine explizite Vertragsgrundlage für eine Reihe sogenannter *flankierender Gemeinschaftspolitiken* geschaffen. Hierbei handelt es sich vor allem um Möglichkeiten zur Ergänzung der nationalen Sozialpolitik (Art. 151–161 AEUV), der Umweltpolitik (Art. 191–193 AEUV) sowie der Forschungs- und Technologiepolitik (Art. 179–190 AEUV). Die Erweiterung der Integrationsziele spiegelte sich ferner in der Einfügung eines neuen Titels in den EGV; (Art. 174–178 AEUV), welcher der EG und den Mitgliedsländern die Aufgabe der Förderung des „wirtschaftlichen und sozialen Zusammenhalts" der Gemeinschaft (Kohäsion) zuweist. Außerdem verpflichteten sich die Mitgliedsstaaten in der EEA (Art. 120 AEUV), auf ein hohes Maß an Konvergenz in der Wirtschafts- und Währungspolitik hinzuwirken.

d) Die EEA beinhaltete weiterhin eine grundlegende *Reform der Arbeitsweise der Strukturfonds der EU.*

e) Außerdem wurde durch die EEA zur Arbeitsentlastung des Europäischen Gerichtshofs (EuGH) und zur Beschleunigung der Rechtsprechung ein für bestimmte Arten von Klagen zuständiges sogenanntes Gericht der Europäischen Union (EuG) (vormals Europäisches Gericht Erster Instanz) dem EuGH vorgeschaltet (Art. 256 AEUV).

f) Schließlich wurde durch die EEA ein vertraglicher Rahmen für die (bis dahin ohne Rechtsgrundlage im EWGV praktizierte) Kooperation der Mitgliedsländer auf dem Gebiet der *Außenpolitik* geschaffen (sogenannte *Europäische Politische Zusammenarbeit (EPZ)*).

4. *Fazit:* Insgesamt gesehen hat die EEA durch die Schaffung des Einheitlichen Binnenmarkts, die Ausweitung der Anwendungsmöglichkeiten des Mehrheitsprinzips und durch den Ausbau der außenpolitischen Zusammenarbeit dem europäischen Einigungsprozess in nachhaltiger Weise neue wirtschaftliche und politische Dynamik verliehen.

EEF

Abk. für *Europäischer Entwicklungsfonds.*

1. *Gegenstand:* Ein EEF umfasst die Finanzmittel, welche die Europäische Union (EU) während der jeweiligen Laufzeit eines solchen Fonds für die wirtschaftliche und soziale Entwicklung der mit der Gemeinschaft nach Art. 198 AEUV assoziierten außereuropäischen Staaten (Assoziierungsabkommen) zur Verfügung stellen kann.

2. *Finanzierung:* Die Mittel des EEF werden von den Mitgliedsstaaten der EU nach einem jeweils vereinbarten Schlüssel außerhalb des EU-Haushalts aufgebracht und von der Europäischen Kommission verwaltet. Zur Ergänzung des EEF stellt die Europäische Investitionsbank (EIB) zinsverbilligte Kredite zur Verfügung.

EFRE

Abk. für *Europäischer Fonds für Regionale Entwicklung.*

1. *Gegenstand:* Der EFRE ist das zentrale Element der Regionalpolitik bzw. Strukturpolitik der Europäischen Union (EU). Der EFRE ist 1975 errichtet worden und hat seine Rechtsgrundlage in Art. 176 AEUV. Die Verwaltung des Fonds obliegt der Europäischen Kommission. Die Fondsmittel sind im Allgemeinen im Haushaltsplan der Europäischen Union ausgewiesen.

2. Die *Zielsetzung des EFRE* besteht gemäß Art. 176 AEUV darin, durch die Verringerung des wirtschaftlichen Rückstands der am stärksten zurückgebliebenen Gebiete sowie durch Förderung des Strukturwandels der „Industriegebiete mit rückläufiger Entwicklung" zu einem Abbau der „wichtigsten regionalen Ungleichgewichte in der Gemeinschaft [Union] beizutragen". Dadurch soll der „wirtschaftliche und soziale Zusammenhalt" der Union (Kohäsion) gestärkt und einer harmonischen weiteren Vertiefung der Integration der Weg geebnet werden.

3. *Mittelverwendung:* Alle Strukturfonds sind in der Förderperiode 2007–2013 an die Prioritäten der EU im Bereich der Förderung von

Wachstum und Beschäftigung (Lissabon-Strategie) gebunden, indem 60 Prozent der Ausgaben dem Ziel „*Konvergenz*" und 75 Prozent der Ausgaben dem Ziel „Regionale Wettbewerbsfähigkeit und Beschäftigung" zugute kommen sollen. Zuschüsse aus den Mitteln des EFRE können v. a. für direkte Hilfen bei Unternehmensinvestitionen (besonders von KMU) und für Maßnahmen zur Verbesserung der Infrastruktur (Forschung, Innovation, Telekommunikation, Umwelt, Energie, Transport) gewährt werden.

b) *Merkmale:* Die Gewährung von Finanzhilfen durch den EFRE erfolgt stets als ergänzende Unterstützung im Rahmen der mitgliedstaatlichen Regionalförderung (Prinzip der sogenannten *Additionalität*). Die Zuteilung der Mittel erfolgt nach quantifizierbaren Kriterien, die Ausmaß und Stärke der regionalen Disparitäten zwischen den Teilräumen der Gemeinschaft widerspiegeln.

5. *Mittelvolumen:* Wegen des Bestehens intraregionaler Pro-Kopf-Einkommensunterschiede von bis zu 1:4 ist die mit der Einheitlichen Europäischen Akte (EEA) verfolgte Zielsetzung der Schaffung eines Einheitlichen Binnenmarkts von einer beträchtlichen Aufwertung der EU-Regionalpolitik flankiert worden. Der Anteil der Strukturfonds (EFRE, ESF und Kohäsionsfonds) am EU-Haushalt im Finanzierungszeitraum 2007–2013 lag bei 35,7 Prozent (347,41 Mrd. Euro). Für Deutschland sind hiervon 26,34 Mrd. Euro vorgesehen.

EFTA

Abk. für *European Free Trade Association, Europäische Freihandelsassoziation.*

1. *Charakterisierung:* Freihandelszone. Das am 4.1.1960 unterzeichnete „Übereinkommen zur Errichtung der Europäischen Freihandels-Assoziation" (sogenannte Stockholmer Konvention) ist am 3.5.1960 formal in Kraft getreten. Amtssitz der EFTA ist Genf.
2. *Organe und Arbeitsweise:* In Genf residiert ein sogenanntes *Sekretariat* zur Verwaltung der EFTA, soweit es sich um EWR-Angelegenheiten

handelt, in Brüssel; die Regierungen der Mitgliedsländer unterhalten in Genf *ständige Delegationen.* Die EFTA-Konvention beinhaltet keine supranationalen Instanzen oder Befugnisse. Oberstes formelles Organ ist der sogenannte *Rat.* In diesem Lenkungsgremium sind alle Mitgliedsländer gleichberechtigt vertreten. Der Ratsvorsitz wechselt alle sechs Monate. Auf Ministerebene kommt der Rat jährlich zweimal zusammen. Der Rat besitzt in allen von der Konvention bestimmten Fragen umfassende Entscheidungsvollmachten. Beschlüsse des Rats sind für die Mitgliedsländer bindend. Daneben gibt es die Überwachungsbehörde ESA (EWR) und den EFTA-Gerichtshof.

EFTA-EU-Beziehungen

1. Weil die EU (bzw. zuvor die EG) mit großem Abstand der größte Handelspartner der EFTA-Staaten ist bzw. gewesen ist, haben diese stets eine *enge Kooperation mit der EG/EU* angestrebt.
2. In den vergangenen Jahrzehnten fanden parallel zur *Entwicklung des Konzepts für die Errichtung eines Einheitlichen Binnenmarkts der EG* verschiedene Zusammenkünfte der EFTA- und der EG-Staaten auf Regierungsebene statt, um die *Zusammenarbeit von EG und EFTA* über die bestehenden Freihandelsverträge hinaus zu intensivieren. Im Mai 1992 erfolgte *die Unterzeichnung des Vertrags über den EWR* (Europäischer Wirtschaftsraum). Der EWR ist am 1.1.1994 im Verhältnis zwischen der EU und – mit Ausnahme der Schweiz – den EFTA-Staaten rechtswirksam geworden.

EFWZ

Abk. für *Europäischer Fonds für Währungspolitische Zusammenarbeit;* von den Mitgliedsstaaten der EG nach dem Zusammenbruch des globalen Festkurssystems (Bretton-Woods-System) im Zuge der Errichtung des Europäischen Währungsverbunds im April 1973 geschaffener Fonds. Aufgabe des EFWZ war es, den vereinbarten Stützungskreditmechanismus zu handhaben. Als Folge des im EU-Vertrag (EUV) bestimmten Wegs zur Errichtung einer Europäischen Währungsunion (EWWU) wurde der EFWZ zum 1.1.1994 (Beginn der zweiten Stufe der Währungsunion) aufgelöst; seine Aufgaben wurden dem gleichzeitig neu errichteten EWI (Europäisches Währungsinstitut) übertragen.

EG

Abk. für *Europäische Gemeinschaften*. Den EG liegen zwei rechtlich selbstständige Gemeinschaften zugrunde: Die EWG und die EAG. Ungeachtet ihrer rechtlichen Eigenständigkeit sind die drei Gemeinschaften durch vielfältige gemeinsame vertragliche Bestimmungen, allg. Rechtsgrundsätze, einen gemeinsamen Haushalt sowie durch gemeinsame Organe eng verbunden.

EGKS

Abk. für *Europäische Gemeinschaft für Kohle und Stahl, Montanunion.*

1. *Überblick:* EGKS war die älteste der drei (Teil)-Gemeinschaften im Rahmen der Europäischen Gemeinschaften (EG). Der EGKS-Vertrag (EGKSV) trat am 23.7.1952 in Kraft; nach Ablauf der vereinbarten 50-jährigen Vertragsdauer trat er am 23.7.2002 außer Kraft. Seitdem galten für den Kohle- und Stahlsektor die allgemeinen Bestimmungen des EG-Vertrages. Die EGKS besaß – wie E(W)G und EAG – eine eigene völkerrechtliche Rechtspersönlichkeit. *Mitglieder* waren alle EU-Mitgliedsstaaten.
2. *Ziele:* Mit der Errichtung der EGKS wurde u. a. das Ziel der Errichtung eines Gemeinsamen Marktes im Montanbereich verfolgt. Außerdem beinhaltete der EGKSV Vorschriften zur Förderung des Wettbewerbs, der Einführung durchgehender Transporttarife, Finanzhilfen für Rationalisierungsinvestitionen sowie die Freizügigkeit der Arbeitnehmer. Das strikte Subventionierungsverbot für den Kohle-

und Stahlbereich (Art. 4c EGKSV) wurde Anfang der 1980er-Jahre durch die Inkraftsetzung eines sogenannten Subventionskodex für den Stahlbereich erheblich relativiert.

3. Die EGKS verfügte bis zur Fusion der *Organe* der Gemeinschaften (1.7.1967) über eine eigenständige Exekutive (sog. Hohe Behörde) und ein spezielles Entscheidungsorgan (sog. Besonderer Ministerrat). Mit der Fusion gingen diese beiden Organe der EGKS in der EG-Kommission (heute: Europäische Kommission) bzw. im EG-Ministerrat (heute: Rat der Europäischen Union) auf. Im Unterschied zu den Bestimmungen des EWG- und des EAG-Vertrags war die Hohe Behörde/Europäische Kommission ermächtigt, durch Stellungnahmen zu Investitionsplänen einzelner Unternehmen unmittelbar auf die Investitionstätigkeit der Montanunternehmen in der Gemeinschaft Einfluss zu nehmen (Art. 54 EGKSV).

EGKSV

Vertrag über die Gründung der Europäischen Gemeinschaft für Kohle und Stahl (auch *Montanunion* genannt), erster Gründungsvertrag der später drei Europäischen Gemeinschaften EGKS, EAG und EWG. Der EGKSV galt für eine Laufzeit von 50 Jahren und endete am 23.06.2002.

EGV

Abk. für *Vertrag über die Europäische Gemeinschaft*; durch den Maastrichter Vertrag erfolgte Umbenennung des Vertrags über die Europäische Wirtschaftsgemeinschaft (EWGV). Alle Artikel des EWGV wurden mit dem EGV neu nummeriert und gegebenenfalls neu gefasst. Mit dem Vertrag von Lissabon ist der EGV umbenannt worden in *Vertrag über die Arbeitsweise der Europäischen Union* (AEUV), die EG hat am 1.12.2009 ihre Rechtspersönlichkeit verloren und die EU hat zu diesem Zeitpunkt eigenständige Rechtspersönlichkeit gewonnen.

EIB

Die EIB, Abk. für *Europäische Investitionsbank*, ist die „Hausbank" der Europäischen Union und 1958 als öffentlich-rechtliches Finanzinstitut mit eigener Rechtspersönlichkeit und Sitz in Luxemburg gegründet worden. Die Satzung der Bank ist dem E(W)G-Vertrag in Form eines Protokolls beigefügt. Sie ist eine der Institutionen der EU. Die EIB verfolgt keinen Erwerbszweck.

Einheitlicher Binnenmarkt

Der mit der EEA (Einheitliche Europäische Akte) geschaffene Art. 26 II AEUV definiert den Einheitlichen Binnenmarkt als einen „Raum ohne Binnengrenzen", in welchem die vier sogenannten Grundfreiheiten (freier Verkehr von „Waren, Personen, Dienstleistungen und Kapital") gewährleistet sind.

Der Binnenmarkt wurde mit Wirkung vom 1.1.1993 verwirklicht. Der Binnenmarkt ist das Herzstück der europäischen Integration und hat dank seiner Freiheiten und offenen Grenzen zu wichtigen Wachstums- und Beschäftigungsschüben geführt. Die Kommission (Generaldirektion Binnenmarkt) ist bemüht den Binnenmarkt immer weiter zu vereinheitlichen, denn trotz stetiger Bemühungen ist der Binnenmarkt noch unvollständig.

EU

Abk. für *Europäische Union*.

1. *Begriff:* Nach Vollendung von Zollunion und Einheitlichem Binnenmarkt im Rahmen der EWG stellte die EU eine neue Integrationsstufe auf dem Weg zu „einer immer engeren Union der Völker Europas" (Art. 1 EUV) dar. Mit der EU wird das langfristige Ziel des europäischen Einigungsprozesses stärker sichtbar, über die wirtschaftliche Integration hinaus schrittweise auch eine politische Union anzustreben; der *Vertrag über eine Europäische Union* lässt offen, wie eine umfassende Union der Völker Europas gestaltet werden soll.

2. *Vertrag über die Europäische Union (EUV):* Der von den Staats- und Regierungschefs der EG-Staaten am 9./10.12.1991 in Maastricht vereinbarte und am 7.2.1992 unterzeichnete Vertrag über die Europäische Union (EUV; Maastrichter Vertrag), geändert durch den Amsterdamer Vertrag vom 2.10.1997 (BGBl. 1998 II 387), geändert durch den Vertrag von Nizza vom 26.2.2001 (BGBl. 2001 II S. 1667), geändert durch die Akten zum Beitrittsvertrag vom 16.4.2003 (BGBl. 2003 II 1410), die Akten zum Beitrittsvertrag für Bulgarien und Rumänien und den Vertrag von Lissabon vom 13.12.2007 (BGBl. 2008 II S. 1038), geändert durch die Beitrittsakte für Kroatien, dehnt die Integrationsziele aus und verbessert die supranationalen Handlungsmöglichkeiten.

Er etablierte eine *Drei-Säulen-Struktur der EU:* Die sogenannte erste Säule umfasste die novellierten Gründungsverträge (EGKS-Vertrag (seit dem 24.7.2002 außer Kraft), EWGV – unbenannt in EGV – und EAGV) und als neues Integrationsziel den stufenweisen Ausbau des Einheitlichen Binnenmarkts zur Europäischen Wirtschafts- und Währungsunion (EWWU). Dazu kommen zwei weitere, durch den EUV neu geschaffene Integrationssäulen: Die Gemeinsame Außen- und Sicherheitspolitik (GASP; zweite Säule) sowie die Zusammenarbeit in den Bereichen Justiz und Inneres (dritte Säule).

Die EU verfügte seit Inkrafttreten des Maastrichter Vertragswerkes über einen *einheitlichen institutionellen Rahmen* (Art. 3 EUV); darüber hinaus besitzt sie (völkerrechtliche) Rechtspersönlichkeit; seit dem 1.12.2009 ist die EG endgültig in der EU aufgegangen, die EAG bleibt mit eigener (völkerrechtlicher) Rechtspersönlichkeit. Seit Gründung der EU ist ein Beitritt von neuen Mitgliedsstaaten nur noch zur EU in ihrer Gesamtheit möglich.

3. *Institutionelle Neuerungen:*

(1) *Europäische Kommission:* Die Kommission wurde angesichts ihrer erweiterten Aufgaben entsprechend umbenannt.

(2) *Rat der Europäischen Union:* Der vormalige *Ministerrat* wurde entsprechend umbenannt.

(3) *Europäisches Parlament:* Die Einflussnahmemöglichkeiten des Europäischen Parlaments auf die Gesetzgebung der Union wurden vor allem in Fragen des Binnenmarkts vergrößert (Einführung des sog. Mitentscheidungsverfahrens).

(4) Ferner wurde als weiteres Hilfsorgan der sogenannte *Ausschuss der Regionen (AdR)* etabliert, der vor Entscheidungen mit bestimmten regionalen Bezügen zu hören ist.

(5) Zur besseren Überwindung des wirtschaftlichen Leistungsgefälles innerhalb der Union wurde in Ergänzung der bestehenden Strukturpolitik der sogenannte *Kohäsionsfonds* errichtet.

4. Durch den Vertrag von Lissabon wurde eine grundlegende Änderung des bestehenden Vertragssystems vorgenommen. Das Drei-Säulen-Modell wird aufgelöst und durch das Gemeinsame-Haus-Modell ersetzt: die EU erhält formell Rechtspersönlichkeit und die EG verliert ihre Rechtspersönlichkeit. Der EG-Vertrag (EGV) wird in „Vertrag über die Arbeitsweise der Europäischen Union" (AEUV) umbenannt. Die beiden EU-Verträge stehen gleichberechtigt nebeneinander. Als letzte Gründungsgemeinschaft bleibt darüber hinaus die EAG neben den EU-Verträgen (EUV/AEUV) bestehen.

EU-Haushalt

1. *Merkmale:* Seit 1971 existiert im Wesentlichen ein Gesamthaushaltsplan der Europäischen Gemeinschaften (EG, EAG, EGKS), seit 1.1.1993 der Europäischen Union. Der Europäische Entwicklungsfonds (EEF) ist nicht in den EU-Haushalt eingebunden.

2. *Haushaltsverfahren:* Der Ablauf ist in Art. 313 ff. AEUV festgelegt. Die Europäische Kommission erarbeitet einen Haushalts*vor*entwurf; dieser wird dem Rat der Europäischen Union zugeleitet, welcher dann den Haushaltsentwurf aufstellt. Die erste Lesung erfolgt im Europäischen Parlament (EP), die zweite im Rat. Die Feststellung des Haushaltsplans obliegt dem Präsidenten des Europäischen Parlaments. Die Obergrenzen der jährlichen Haushaltspläne sowie der Anteil der wichtigsten Ausgabenkategorien am Gesamtvolumen des Budgets ergeben sich aus der sogenannten *Finanziellen Vorschau der Europäischen Union.* Die Haushaltsführung der Unionsorgane wird vom Europäischen Rechnungshof (EuRH) überwacht.

3. *Einnahmen (z. T. weggefallen):* die ersten beiden Einnahmen werden sog. *traditionelle Eigenmittel* genannt und machen zwischen 10 und 15 Prozent der Eigenmittel (Einnahmen) aus.

(1) Zoll, der auf Grundlage des Gemeinsamen Zolltarifs der EU durch die Zollbehörden der Mitgliedsstaaten erhoben wird;

(2) Agrarzoll (früher Abschöpfungen) an der Außengrenze der Union, die von den Zollbehörden der Mitgliedsstaaten erhoben wird;

(3) Mehrwertsteueranteil an der in den Mitgliedsstaaten erhobenen Mehrwertsteuer nach einer seit 1988 harmonisierten MWSt- Bemessungsgrundlage;

(4) Beiträge der Mitgliedsstaaten zum Unionshaushalt (sog. BNE-Eigenmittel);

(5) etwaige Haushaltsdefizite dürfen nicht im Wege der Kreditaufnahme finanziert werden; ein etwaiger Etatüberschuss wird den Einnahmen des nachfolgenden Haushaltsjahres zugeschlagen oder an die Mitgliedsstaaten retransferiert. Da der EU-Haushalt durch die traditionellen Eigenmittel alleine nicht mehr zu finanzieren ist und auch die MwSt.-Beiträge nicht mehr ausreichen, bekommen die Beiträge der EU-Mitgliedsstaaten auf Grundlage der BNE-Eigenmittel eine immer größere Bedeutung, alleine in den Jahren 2015 und 2016 machte deren Anteil mehr als 70 Prozent der Einnahmen des EU-Haushalts aus (74 %, bzw. 73 %).

4. *Ausgaben:*

a) *Arten: „Obligatorische Ausgaben"* sind solche Aufwendungen, die erforderlich sind, damit die EU ihren im Primär- oder Sekundärrecht verankerten Verpflichtungen genügt. Die Haushaltsbefugnis für sie liegt beim Rat. *„Nicht obligatorische Ausgaben"* bedürfen der Zustimmung des Europäischen Parlaments.

b) *Struktur:* Der Anteil der Ausgaben für die GAP ist fast 50 Prozent der Gesamtausgaben, während die Aufwendungen für Strukturmaßnahmen nur etwas mehr als ein Viertel des Haushaltsvolumens entsprechen. Die GAP wird aus diesem Grund seit 2014 reformiert und vom Volumen reduziert (im mehrjährigen Haushaltsplan 2014–2020 hat sie noch einen Anteil von ca. 29 %).

EU-kritische Parteien und Populisten

Rechtspopulisten und Nationalisten diskutieren und fordern den Austritt ihrer Nationalstaaten aus der Europäischen Union (EU) in Deutschland (Dexit), Belgien (Belexit), Bulgarien (Bulexit), Dänemark (Danexit), Estland (Estexit), Finnland (Fixit), Frankreich (Frexit), Irland (Irexit), Malta (Mexit), den Niederlanden (Nexit), Rumänien (Romexit), Polen (Polexit), Portugal (Pexit), Schweden (Swexit), Spanien (Spexit), Tschechien (Czexit) und Österreich (Öxit). In mehreren EU-Mitgliedstaaten stellen EU-kritische Parteien die Regierung (Polen, Ungarn, UK, Finnland, Italien, Lettland, Litauen, Slowakei, Tschechien, Österreich), in anderen EU-Mitgliedstaaten sind sie ins Parlament eingezogen (Deutschland, Dänemark, Schweden, Frankreich). Auch im Europäischen Parlament sind sie vertreten.

Die europäische Flüchtlingskrise 2015/2016 und die Corona-Krise (COVID-19- Pandemie seit März 2020) verstärkte die kritische Haltung vieler EU-kritischer Parteien. Hinsichtlich der Euro-Krise (Schuldenkrise und Währungskrise) steht wiederholt das Ausscheiden der betroffenen Euro-Länder Griechenland (Grexit) und Italien (Italexit) zur Debatte. Die Rechtspopulisten und Nationalisten operieren häufig mit falschen und verdrehten Fakten, zielen auf die Ängste der Bürger ab (und schüren diese) und bieten keine konstruktiven Alternativen. Oft ist der Austritt aus der EU und die nationale Abschottung (Autarkie) sowie die Einführung aller Grenzen und Grenzkontrollen sowie die Erhebung jeglicher Zölle das einzige Ziel. Europa würde in ein Zeitalter des Nationalismus und der Nationalstaatlichkeit zurück fallen, das im 20. Jahrhundert zur Entstehung von zwei Weltkriegen geführt hat.

(Teil-)Auslöser und zugleich Folge der Krise der Europäischen Union. Mit dem Juncker-Plan (Weißbuch zur Zukunft Europas) und der Verstärkten Zusammenarbeit versucht die Europäische Kommission auf die Krise der Europäischen Union und den Brexit zu reagieren. In der Schweiz haben Rechtspopulisten und Nationale versucht, eine Begrenzungsinitiative mit dem Aufkündigen der engen Beziehungen mit der EU im Europäischen Wirtschaftsraum herbeizuführen (Schwexit) – die Volksabstimmung ist im September 2020 gescheitert.

Fehlerhafte Argumentation: EU-kritische Parteien und ihre Anhänger übersehen in der Argumentation oft, dass Brüssel nicht eine fremde Macht von Bürokraten ist, sondern der Ort, an welchem sich die Staats- und Regierungschefs der EU-Mitgliedstaaten treffen, um mehrheitlich die Politik der EU abzustimmen. Das Europäische Parlament wird von allen EU-Bürgern demokratisch gewählt und die Europäische Kommission, die von allen Mitgliedstaaten mit Kommissaren bestückt wird, macht Gesetzgebungsvorschläge und führt die Verwaltung der EU im Interesse ihrer Mitgliedstaaten durch. Der Europäische Gerichtshof (EuGH) ist der Hüter der EU-Verträge (EUV, AEUV, EAGV) und wird von den Mitgliedstaaten mit Richtern aus ihrem Land besetzt. Letztlich sind die Mitgliedstaaten für die Steuerung und die Inhalte der gemeinsamen EU verantwortlich. Veränderte Mehrheiten in den Mitgliedstaaten verändern dabei die Bildung des politischen Konsens in der EU.

EU-Raum der Freiheit, der Sicherheit und des Rechts

1. *Begriff/Merkmale:* Die *Zusammenarbeit in den Bereichen Justiz und Inneres* wurde erstmals als sogenannte „Dritte Säule" im Maastrichter Vertrag als ein Bereich verankert, in dem auf EU-Ebene die zwischenstaatliche Zusammenarbeit koordiniert werden konnte (Drei-Säulen-Modell). Anders als in der vergemeinschafteten „Ersten Säule" war der Integrationsgrad also sehr gering. Dies änderte sich mit dem Amsterdamer Vertrag, als wichtige Teile der „Dritten Säule" in die „Erste Säule" überführt wurden. Art. 67 ff. AEUV umfassen seitdem z. B. Visum-, Asyl-, Einwanderungs- und Ausländerpolitik. Im Bereich Asylpolitik ist es das Ziel, ein gemeinsames Asylsystem zu schaffen, das auf der Grundlage der Genfer Flüchtlingskonvention gemeinsame Standards und Prozeduren vorsieht. Wichtige Rechtsinstrumente hierbei sind das Dubliner Übereinkommen, das regelt, welcher Staat für die Prüfung eines Asylgesuchs zuständig ist, sowie die in der Folge geschaffene Datenbank *Eurodac* zur Erfassung von Fingerabdrücken von Asylsuchenden und illegalen Einwanderern. Art. 81 AEUV enthält seit dem Vertrag von Amsterdam die *Zusammenarbeit in Zivilsachen*. Außerdem wurde der Schengen-Besitz-

stand in den EUV und EGV integriert. Eine Ausdehnung von Mehrheitsentscheidungen auf diese Bereiche ist jedoch bislang nicht gelungen. In der „Dritten Säule" verblieb die polizeiliche und justizielle Zusammenarbeit in Strafsachen (PJZS).

Letztere hat das Ziel, eine effektivere und koordiniertere Verbrechensbekämpfung, z. B. des Terrorismus, organisierter Kriminalität, Menschenhandel, Kinderpornographie, Betrug, Geldwäsche, Korruption und Drogenhandel. Sie stützt sich auf Zusammenarbeit, Informationsaustausch und gemeinsame Fortbildung der nationalen Polizei- und Zollbehörden, auch unter Einbeziehung von Europol und dem mit dem Vertrag von Nizza geschaffenen Amt Eurojust. Basierend auf einem Rahmenbeschluss aus dem Jahr 2002, ersetzt seit Januar 2004 ein europäischer Haftbefehl die bisherigen Auslieferungsverfahren. Durch den Vertrag von Lissabon wird das Drei-Säulen-Modell abgeschafft und durch das „Gemeinsame-Haus- Modell" ersetzt. Die zweite und dritte Säule werden in die EU integriert, die Inhalte werden durch den AEUV näher bestimmt.

2. *Umsetzung:* Der Raum der Sicherheit, der Freiheit und des Rechts wird operationell mithilfe von Mehrjahresprogrammen umgesetzt, z. B. durch das sogenannte *„Haager Programm"* (2005–2010). Ein Großteil der legislativen Vorschläge der Europäischen Kommission bezieht sich auf diesen Bereich, z. B. die Vorschläge für Sanktionen für Arbeitnehmer, die illegale Einwanderer beschäftigen, die sogenannte *„Blue Card"* zur Vereinfachung hochqualifizierter Einwanderung, einheitliche Aufnahmebedingungen für Forscher, Studenten, Saisonarbeiter etc. aus Drittstaaten, die Schaffung eines europäischen Asylbüros etc. Im Herbst 2008 hat der Europäische Rat einen Europäischen Pakt für Migration und Asyl beschlossen, der auf dem bisher Erreichten aufbaut und ein erneuertes Engagement der Mitgliedsstaaten darstellt, ihre Migrations- und Asylpolitiken verstärkt zu integrieren.

3. *Ausblick:* Das Mehrjahresprogramm *„Haager Programm"* lief im Jahre 2010 aus. Bis 2014 hat das *„Stockholmer Programm"* weitere konkrete Integrationsschritte auf dem Weg zum Raum der Freiheit, der Sicherheit und des Rechts behandelt. Anschließend daran wurde das *„Post-Stockholm-Programm"* verhandelt und beschlossen, das u. a. die starke Migration von Flüchtlingen in die EU und die grenzüberschreitende Cyberkriminalität beinhaltet.

EU-Sozialcharta

1957 wurden in der Präambel des EWG-Vertrags (EWGV) unter den angestrebten Zielen der „wirtschaftliche und soziale Fortschritt" der Mitgliedsstaaten und „die stetige Besserung der Lebens- und Beschäftigungsbedingungen ihrer Völker" aufgeführt. 1989 wurde vom Europäischen Rat (seinerzeit zunächst gegen die Stimme Großbritanniens) die EWG-Gemeinschaftscharta der Sozialen Grundrechte der Arbeitnehmer beschlossen. In diesem Dokument wurde die bisherige sozialpolitische Rolle der Gemeinschaft festgeschrieben und die Absicht zum Ausdruck gebracht, dass der wirtschaftliche Integrationsprozess auch von einer Weiterentwicklung der gemeinschaftlichen Sozialpolitik begleitet sein soll.

Die EU-Sozialcharta hatte bis zur Übernahme in den Vertrag von Nizza keine rechtlichen Bindungswirkungen und stellte primär eine *politische Absichtserklärung* dar. Die *Charta der Grundrechte*, die am 7.12.2000 in Nizza verkündet wurde, greift u. a. die in der Sozialcharta erklärten Rechte auf. Mit dem Vertrag von Lissabon hat die Grundrechtecharta Rechtsverbindlichkeit erhalten.

Sie ist nicht zu verwechseln mit der Europäischen Sozialcharta, die 1961 vom Europarat als völkerrechtliches, verbindliches Abkommen initiiert worden ist und am 5.2.1961 in Kraft getreten ist.

EU-Staatsanwaltschaft

Abgek. EUStA, engl. European Public Prosecutor's Office (EPPO).

Gründung, Rechtsgrundlagen: Die EU-Staatsanwaltschaft wurde im Herbst 2017 von 20 der 28 EU-Mitgliedstaaten auf Grundlage des Art. 86 AEUV beschlossen und mit der Verordnung (EU) 2017/1939 des Rates v. 12.10.2017, ABl. EU 2017 Nr. L 283/1, umgesetzt. Der Aufbau der EUStA wird zwei bis drei Jahre dauern. Die EUStA wird voraussichtlich 2020 oder 2021 ihre Arbeit aufnehmen. Im August 2018 wurde die Teilnahme von Malta als 21. Mitgliedstaat beschlossen. Die neue niederländische Regierung hat die Teilnahme an der EuStA im Koalitionsvertrag festgehalten und wird der 22. Mitgliedstaat werden.

Sitz: Die EUStA wird ihren Sitz in Luxemburg haben.

Ziel: Die EUStA zielt auf die Bekämpfung der grenzüberschreitenden Kriminalität im Binnenmarkt, v. a. auf den Umsatzsteuerbetrug. Die EUStA wird als unabhängige, dezentrale Strafverfolgungsbehörde der EU für die Ermittlung, Verfolgung und Anklageerhebung bei Straftaten zum Nachteil des EU-Haushalts wie Betrug, Korruption oder grenzüberschreitendem Umsatzsteuerbetrug mit einem Schaden von mehr als 10 Mio. Euro zuständig sein. Zu diesem Zweck bekommen unabhängige EU-Staatsanwälte das Recht, Klage in einem teilnehmenden Mitgliedstaat zu erheben. 21 Mitgliedstaaten nehmen an der EUStA teil: Belgien, Bulgarien, Deutschland, Estland, Finnland, Frankreich, Griechenland, Italien, Kroatien, Lettland, Litauen, Luxemburg, Malta, Österreich, Portugal, Rumänien, Slowakei, Slowenien, Spanien, die Tschechische Republik und Zypern. Die Niederlande haben die Teilnahme im Koalitionsvertrag festgelegt, aber noch nicht vollzogen. Nicht an der EUStA teilnehmen werden Dänemark, Irland, Schweden, Polen, Ungarn sowie das UK.

Bewertung: Die EUStA ist ein neues, bedeutsames Integrationsprojekt der EU. Für die Bekämpfung des europaweiten Betrugs zu Lasten des EU-Haushalts arbeiten ab 2021 21 EU-Mitgliedstaaten enger mit der EUStA zusammen, um grenzüberschreitende Straftaten zu verfolgen. Bisherige Instrumente zur Strafverfolgung und Betrugsbekämpfung wie EUROJUST oder das Europäische Amt für Betrugsbekämpfung (OLAF) hatten zwar Erfolge, waren jedoch nicht mit den weitreichenden Kompetenzen der EUStA ausgestattet.

EU-UK-Handels- und Kooperationsabkommen

Das *EU-UK-Handels- und Kooperationsabkommen* (Brexit-Folgeabkommen, engl. Trade and Cooperation agreement between the European Union and the European Atomic Energy Community and the United Kingdom of Great Britain and North Ireland) wurde am 24.12.2020 als Folgeabkommen nach dem am 31.1.2020 vollständig vollzogenen Austritt des UK aus der EU (Brexit) und dem Ablauf der Übergangsfrist, in welcher das UK weiter als zum Binnenmarkt und der Zollunion der EU zugehörig galt, ausgehandelt.

1. Verhandlungsverlauf: Nach den Brexit-Austrittsverhandlungen folgten fast ein Jahr lange, sehr zähe Verhandlungen über ein Brexit-Folgeabkommen, so dass es bis Mitte Dezember 2020 unklar war, ob ein harter Brexit ohne Folgeabkommen oder ein Folgeabkommen erreicht werden könnte. Über verschiedene Verhandlungsrunden und Deadlines näherten sich die Verhandlungsparteien erfolgreich an, so dass am 24.12.2020 ein Handelsabkommen und Abkommen über die zukünftige Zusammenarbeit von EU und UK verkündet wurde. Am 30.12.2020 stimmte die Europäische Union zu (die Botschafter für die Mitgliedstaaten und der Präsident des Europäischen Rates Michel sowie die Präsidentin der Europäischen Kommission von der Leyen). Eine Zustimmung des Europäischen Parlaments soll 2021 nachgeholt werden (sie erfolgte im April 2021). Die britische Seite setzte das Abkommen als Gesetz um und verkündete dieses am 31.12.2020.

2. Bedeutung: Seit 1.1.2021 gelten weiter keine Zölle (sofern die Zollanmeldung abgegeben wird und der erforderliche Ursprungsnachweis vorgelegt wird), aber alle Verbote und Beschränkungen des grenzüberschreitenden Warenverkehrs und viel mehr zollrechtliche Förmlichkeiten (Zollanmeldungen, Erhebung der Einfuhrumsatzsteuer, Vorlage von Präferenzpapieren zur Anwendung des (reduzierten) Präferenzzolls). Da viele Marktteilnehmer nicht hinreichend vorbereitet sind, wird es ab 1.1.2021 zu erheblichen Verzögerungen in der Grenzabfertigung zwischen dem UK und Frankreich, dem UK und Belgien sowie dem UK und den Niederlanden kommen (Landstraßen, Bahn und Fährverkehr). Einen Vorgeschmack auf die Verzögerungen an der Grenze gab der Corona-Weihnachts-Lockdown, der im Rahmen der COVID-19-Pandemie von Frankreich, Belgien, den Niederlanden und Deutschland gegenüber dem UK ausgesprochen wurde, um eine neue, sehr ansteckende Variante des SARS-CoV-2-Virus an der zügigen Ausbreitung zu hindern – die Folge war ein kilometerlanger Stau über Weihnachten vor Dover und Calais.

3. Umfang des Folgeabkommens: Gegenstand des EU-UK-Handels- und Kooperationsabkommens ist ein Freihandelsabkommen und Präferenzabkommen für den Warenverkehr; weitere Inhalte des Brexit-

Folgeabkommens sind die Fischerei (mit sinkenden Fischereiquoten für die EU für 5,5 Jahre, danach soll jährlich neu über Fangquoten verhandelt werden), der Transport (Luftverkehr und Landstraßenverkehr), die Energieversorgung, die Soziale Sicherheit und Kurzzeit-Visa, die Sicherheitszusammenarbeit, die Wissenschaftskooperation und die Teilnahme an EU-Programmen, sowie der Streitbeilegungsmechanismus. Nicht vom Brexit-Folgeabkommen umfasst (das nur den Warenverkehr regelt) ist der Handel mit Dienstleistungen (z. B. Dienstleistungen v. Banken, Versicherung wie Beratung, Finanzprodukte), die 80 Prozent der britischen Wirtschaftskraft ausmachen. Das UK verliert damit seit 1.1.2021 sofort den Marktzugang für Finanz-Dienstleistungen.

Weitere Verhandlungen sind auf diesem Gebiet für Frühjahr 2021 vorgesehen.

Das EU-UK-Handels- und Kooperationsabkommen umfasst sieben Teile, 49 Anhänge und drei Protokolle. Details zum britischen Übergeseegebiet Gibraltar sind weder im Brexit-Austrittsabkommen noch im Handels- und Kooperationsabkommen geregelt. Bilaterale Regelungen zwischen dem UK und Spanien wurden Ende 2020 erzielt, um bei Berufspendlern strikte Grenzkontrollen zu vermeiden. Das UK und Spanien haben dabei vereinbart, dass Gibraltar als zum Schengenraum zugehörig gilt (Gibraltar gilt seit 1.1.2021 als Eintrittspunkt von Spanien in den Schengenraum; Gibraltar selber kann nicht dem Schengenraum beitreten, weil es kein Völkerrechtssubjekt ist; die Grenzkontrollen auf dem Flughafen von Gibralter werden von spanischen Behörden und der Europäische Agentur für Grenz- und Küstenwache (FRONTEX) durchgeführt, das Abkommen ist jedoch noch nicht ratifiziert oder veröffentlicht worden).

4. Fundstellen: Das Brexit-Folgeabkommen wurde am 31.12.2020 veröffentlicht (ABl. EU 2020 Nr. L 444/1). Die Mitteilung über die vorläufige Anwendung des Brexit-Folgeabkommens wurde am 1.1.2021 veröffentlicht (ABl. EU 2021 Nr. L 1/1). Nach der endgültigen Zustimmung der Europäischen Union wurde es am 30.4.2021 veröffentlicht (ABl. EU 2021 Nr. L 149/10).

EU-Vertrag

Der *Vertrag über die Europäische Union* (EUV) wurde am 7.2.1992 mit dem Maastrichter Vertrag von den Mitgliedsstaaten der EWG-12 unterzeichnet und galt seit dem 1.11.1993. Der EUV bestand zunächst aus den Art. A bis S. Mit dem Amsterdamer Vertrag, der am 1.5.1999 in Kraft getreten ist, wurden die Art. J.1 bis J.17 und K.1 bis K.17 eingefügt. Durch den Vertrag von Nizza, der am 1.2.2003 in Kraft getreten ist, wurden die Art. A bis S EUV umbenannt in Art. 1 bis 53 EUV. Mit dem Vertrag von Lissabon ist der EUV erneut geändert worden. Zahlreiche Inhalte wurden aus dem EGV übernommen und der EGV enthält seitdem 55 Artikel. Die Europäische Union (EU) hat damit Rechtspersönlichkeit erhalten, die EG ist vollständig in der EU aufgegangen und hat ihre eigenständige Rechtspersönlichkeit verloren.

EU-Vietnam Free Trade Agreement

Abgekürzt EVFTA, dt. umfassendes Investitionsschutzabkommen und Handelsabkommen zwischen der Europäischen Union (EU) und Vietnam. Das EVFTA wurde am 30.6.2019 von der EU und Vietnam in Hanoi unterzeichnet und im Februar 2020 vom Europäischen Parlament ratifiziert. Es handelt sich um das erste umfassende Freihandelsabkommen der EU mit einem asiatischen Entwicklungsland (der ASEAN) und ist am 1.8.2020 in Kraft getreten. Politische Beobachter bewerten dieses Abkommen als wichtiges Signal des freien Welthandels an die protektionistische US-Regierung von Präsident *Trump* (America-First-Politik).

EU-Zentralasienstrategie

Wurde 2007 verabschiedet und regelt die Beziehungen zwischen der Europäischen Union (EU) und den zentralasiatischen Republiken Kasachstan, Kirgistan, Tadschikistan, Turkmenistan sowie Usbekistan.

Ziel der Zentralasienstrategie der EU ist der „Aufbau und die Konsolidierung stabiler, gerechter und offener Gesellschaften, die sich an internationale Standards halten". Dazu möchte die EU mit den dortigen Regierungen ihre eigenen Erfahrungen und Sachkenntnisse in der regionalen Zusammenarbeit, mit Rechtsstaatlichkeit, Menschenrechten und Demokratisierung teilen. Konkret sollen Initiativen und Projekte zum Aufbau und zur Förderung von guten Praktiken der Staatlichkeit (sogenannte „good governance") durchgeführt und Hilfe bei Reformen im Finanzsektor angeboten werden.

Wirtschaftspolitisch sind die zentralasiatischen Staaten u. a. wegen ihrer Öl- und Gasvorkommen von Bedeutung und sicherheitspolitisch ist die Region wegen der Bekämpfung des internationalen Terrorismus von Bedeutung.

EuGH

Abk. für *Europäischer Gerichtshof.*

1. *Überblick:* Judikative der EU (Art. 251–281 AEUV, Art. 136 EAGV), Sitz in Luxemburg.
2. *Mitglieder:* Die Richter und Generalanwälte werden von den Regierungen der Mitgliedstaaten im gegenseitigen Einvernehmen für eine sechsjährige Amtszeit ernannt. Die Richter wählen aus ihrer Mitte den Gerichtspräsidenten für eine Dauer von drei Jahren. Aufgabe der Generalanwälte, die richterliche Unabhängigkeit genießen, ist es, durch die Stellung von Schlussanträgen der Rechtsfindung des EuGH zu dienen.
3. Der EuGH hat die generelle Aufgabe, bei der Anwendung und Auslegung des EU-Rechts und der von der EU abgeschlossenen völkerrechtlichen Verträge die *Wahrung des Unionsrechts* zu gewährleisten. Dabei besteht Zuständigkeit sowohl für die EU als auch Euratom (EAG).

Der EuGH ist in erster Linie *Verfassungsgericht* (Auslegung und Anwendung des Primärrechts; Überprüfung der Vereinbarkeit des sekundären EU-Rechts mit dem Primärrecht). Der Gerichtshof hat ferner *verwaltungsgerichtliche Zuständigkeiten* (Klagen von natürlichen und juristischen Personen gegen Maßnahmen der EU: Nichtigkeitsklagen, Untätigkeitsklagen).

Weitere Aufgabenbereiche: Rechtsmittelinstanz für Entscheidungen des erstinstanzlichen (untergeordneten) *Gerichts der Europäischen Union (EuG)* (vorm. d. Europäischen Gerichts Erster Instanz (EuG)), z. B. für Klagen der EU-Beamten oder gegen Antidumping-Verordnungen; Erstellung von Gutachten für den Rat der Europäischen Union und die Europäische Kommission (vgl. Art. 218 Abs. 11 AEUV, Art. 107 Verfahrensordnung des Gerichtshofs). Neben der Kontrolle der Vereinbarkeit der Rechtsakte der EU mit dem EU-Recht ist der EuGH (nach der Zahl der zu behandelnden Verfahren) überwiegend damit befasst, den Ersuchen mitgliedsstaatlicher Gerichte nach sogenannten Vorabentscheidungen nach Art. 267 AEUV (d. h. der Klärung bestimmter, für die Entscheidung eines nationalen Gerichts relevanter Fragen des EU-Rechts) nachzukommen.

EURATOM

Abk. für *Europäische Atomgemeinschaft,* EAG. Eine von drei europäischen Gründungsgemeinschaften (neben der EWG und der EGKS) mit eigener Rechtspersönlichkeit, die in der neuen EU nach dem Vertrag von Lissabon als einzige der drei Gründungsgemeinschaften weiter besteht. Aufgabe und Ziel ist die friedliche Nutzung der Kernspaltung zur Energiegewinnung, Forschung und zu medizinischen Zwecken.

EuRH

Abk. für *Europäischer Rechnungshof;* 1977 errichtete, mit Inkrafttreten des Vertrags über die Europäische Union (Maastrichter Vertrag) in den Rang eines Hauptorgans der Europäischen Union (EU) erhobene Institution (Art. 13 I EUV-Lissabon, Art. 285 bis 287 AEUV) mit Sitz in Luxemburg. Die *Mitglieder* des EuRH (eins pro Mitgliedsland) werden vom Rat der Europäischen Union nach Anhörung des Europäischen

Parlaments einstimmig für eine Dauer von sechs Jahren ernannt. Sie genießen den Status richterlicher Unabhängigkeit und dürfen in Wahrnehmung ihrer Aufgaben „Anweisungen von einer Regierung oder anderen Stelle weder anfordern noch entgegennehmen" (Art. 247 III EGV, Art. 286 III AEUV).

Aufgabe des EuRH ist es, die Rechtmäßigkeit und Ordnungsmäßigkeit der Ausgaben und Einnahmen der Union und aller von ihr geschaffenen Institutionen (soweit nichts anderes bestimmt ist) sowie die Wirtschaftlichkeit der Haushaltsführung zu überprüfen. Der Rechnungshof erstellt nach jedem Haushaltsjahr einen Bericht sowie aus besonderen Anlässen Sonderberichte, die im *Amtsblatt der EU* veröffentlicht werden. Auf dessen Grundlage sowie der Stellungnahmen der EU-Organe zum Bericht befindet das Europäische Parlament über eine Entlastung der Europäischen Kommission.

Euro-Gruppe

Zusammenschluss der Mitgliedstaaten innerhalb der Europäischen Union (EU) und der Europäischen Wirtschafts- und Währungsunion (EWWU), deren gemeinsame Währung der Euro ist (sogenannter Euroraum). Ziel der seit 1998 bestehenden Euro-Gruppe ist die Abstimmung der gemeinsamen Steuer- und Wirtschaftspolitik. Die Euro-Gruppe wird durch einen Vorsitzenden koordiniert und die Treffen finden in der Regel monatlich am Tag vor einem Treffen des Rats der Europäischen Union (ECO-FIN) statt. Am Treffen nehmen darüber hinaus der für Wirtschafts- und Finanzangelegenheiten, Steuern und Zoll zuständige Kommissar und der Präsident der Europäischen Zentralbank (EZB) teil. Europarechtliche Regelung in Art. 137 AEUV und Protokoll 14 zum Vertrag von Lissabon.

Euro-Krise

Seit 2009 bestehende vielschichtige Krise des Euroraumes (Mitgliedstaaten der Europäischen Union, EU, die an der Gemeinschaftswährung Euro teilnehmen) der Europäischen Wirtschafts- und Währungsunion (EWWU). Sie umfasst eine Staatsschuldenkrise, eine Bankenkrise und eine Wirtschaftskrise. Teil-Ursache für die Krise der Europäischen Union. Betroffen sind die folgenden Euro-Länder: Griechenland, Italien, Irland, Spanien und Portugal. Diese Länder haben Leistungsbilanz- und Haushaltsdefizite und die vermehrte Kreditaufnahme hat zur nationalen Inflation in den jeweiligen Ländern geführt. Begünstigt wurde die Euro-Krise durch die weltweite Finanz- und Bankenkrise seit 2007. Sofortmaßnahme war die Gewährung von Garantierahmen für neue Kredite (sogenannte Rettungsschirme) der anderen Euro-Länder und des IWF für die Krisenländer, um weitere Kredite auf dem Kapitalmarkt zu beschaffen und letztlich deren Staatsbankrott zu verhindern. Im Dezember 2010 wurde ein permanenter Euro-Rettungsschirm (sogenannter Krisenmechanismus mit verschiedenen Bestandteilen) geschaffen, der Bürgschaften und Hilfen von einer wirklichen Gefährung des gesamten Euroraumes abhängig macht.

Europa-Abkommen

1. *Begriff:* Besondere Form von Assoziierungsabkommen der EU nach Maßgabe von Art. 217 AEUV geschlossen mit der Türkei (ABl. 1964, 3687), zehn mittel- und osteuropäischen Staaten (bis zum EU-Beitritt am 1.5.2004) sowie Bulgarien und Rumänien (bis zum EU-Beitritt am 1.1.2007).
2. *Ratifizierung:* Weil die Europa-Abkommen sich auch auf Regelungsbereiche erstreckten, die nicht in den Kompetenzrahmen der EU-Organe fielen, mussten die Abkommen zur Erlangung der Gültigkeit auch von jedem Mitgliedsstaat der EU ratifiziert werden. Wegen der Alleinzuständigkeit der EU in Handelsfragen wurde der handelspolitische Teil der Europa-Abkommen stets schon vor der mitgliedstaatlichen Ratifikation durch ein sogenanntes Interimsabkommen in Kraft gesetzt, welches dann später durch die Europa-Abkommen abgelöst wurde.
3. *Zweck der Europa-Abkommen* war und ist es, den marktwirtschaftlichen Transformationsprozess in den betreffenden Staaten zu fördern und ihre Volkswirtschaften schrittweise an die EU heranzuführen und den Beitrittsprozess zu begleiten. Sie werden inhaltlich durch die

neuen Stabilisierungs- und Assoziierungsabkommen (SAA) ersetzt, die derzeit mit den Balkan-Ländern geschlossen worden sind.

Europäische Agentur für die Grenz- und Küstenwache

Engl. *European Border and Coast Guard Agency, frz. frontières extérieur (FRONTEX)*, ist eine 2004 gegründete Europäische Agentur der Europäischen Union mit dem Ziel der Grenzsicherung der Land- und Seegrenzen. FRONTEX hat ihren Sitz in Warschau, mehr als 1500 Mitarbeiter und ein stark ansteigendes Jahresbudget von zuletzt 460 Mio. Euro (2019). In einen besonderen Fokus ist FRONTEX durch die europäische Flüchtlingskrise seit 2015 geraten.

Europäische Gemeinschaft

Gegründet am 1.1.1958 als *Europäische Wirtschaftsgemeinschaft* (EWG), die mit dem Maastrichter Vertrag 1992 umbenannt wurde in EG. Die EG hatte bis 30.11.2009 eigene Rechtspersönlichkeit. Durch den Vertrag von Lissabon geht die EU endgültig in die Europäische Union (EU) auf, welche eigene Rechtspersönlichkeit erhält. Der EG-Vertrag (EGV) wird umbenannt in „Vertrag über die Arbeitsweise der Europäischen Union (AEUV)". EU-Vertrag (EUV) und AEUV stehen gleichberechtigt nebeneinander, das alte „Drei-Säulen-Modell" der EU gilt seit Dezember 2009 nicht mehr (stattdessen: Gemeinsames-Haus-Modell).

Europäische Gemeinschaften

Nach Auslaufen des EGKS-Vertrags (EGKSV) und Umbenennung des EG-Vertrags (EGV) in „Vertrag über die Arbeitsweise der Europäischen Union (AEUV)" durch den Vertrag von Lissabon mit Wirkung vom 1.12.2009 verbleibt mit eigener Rechtspersönlichkeit neben der EU nur die Europäische Atom-Gemeinschaft (EAG). Die EGKS war die erste Europäische Gemeinschaft, die jedoch nur eine vertragsmäßige Laufzeit von 50 Jahren hatte (23.7.1952–23.7.2002). Die EG hatte eigene Rechtspersönlichkeit und ist seit 1.12.2009 vollständig in der EU aufgegangen.

Europäische Integration

Bezeichnet die friedliche Kooperation in Europa und die immer engere Zusammenarbeit. Bereits während des zweiten Weltkriegs beschlossen die Exil-Regierungen von Belgien, den Niederlanden und Luxemburg eine enge Zusammenarbeit mit der BENELUX. Nach Ende des zweiten Weltkriegs begann in Westeuropa der Wiederaufbau und mit Gründung der sogenannten Montanunion (EGKS, EGKSV) 1950 eine Gründung der ersten Europäischen Gemeinschaft für Kohle und Stahl mit sechs Mitgliedstaaten (BENELUX, Frankreich, Italien, Deutschland). 1957 wurden die Römischen Verträge dieser sechs Mitgliedstaaten geschlossen, welche ab 1958 die weiteren beiden Gemeinschaften – Europäische Wirtschaftsgemeinschaft (EWG, EWGV) und die Europäische Atomgemeinschaft (EURATOM) – gründeten. Ein Abbau der Zölle, die Schaffung eines gemeinsamen Zolltarifs und die Gründung einer Zollunion und später die Gründung eines Binnenmarktes folgten.

Im weiteren Sinne bedeutet die Europäische Integration ein enges, friedliches Zusammenleben in Europa und eine Zusammenarbeit. Im engeren Sinne steht die Europäische Integration für ein immer engeres Zusammenarbeiten innerhalb der 1993 gegründeten Europäischen Union (EU) mit dem Ziel einer immer engeren politischen und wirtschaftlichen Union, welche gegebenenfalls künftig in die Gründung einer Föderation oder eines Nationalstaates nach dem Vorbild der USA führen könnte.

Europäische Kommission

1. *Begriff:* Organ der Europäischen Union (EU) mit *Sitz* in Brüssel.

2. *Merkmale:* Die Europäische Kommission hat ein Mitglied pro EU-Mitgliedsstaat (seit Juli 2013: 28; bis zum Brexit, am 29.3.2019, danach wieder 27); mit dem EU-Reformvertrag (Vertrag von Lissabon) sollte die Anzahl der Kommissare ab 2014 auf nur noch zwei Drittel der Anzahl der Mitgliedstaaten beschränkt werden, was jedoch durch einstimmigen Beschluss der Staats- und Regierungschefs von Dezember 2008 b. a. w. aufgehoben wurde, nicht zuletzt um die Ratifizierung des Vertrags von Lissabon durch Irland zu erleichtern. Die Europäische Kommission fasst Beschlüsse als Kollegium mit einfacher Mehrheit, jedoch werden in der Praxis die meisten Beschlüsse im Konsens gefasst. Die Europäische Kommission tritt wöchentlich einmal zur Sitzung zusammen (mittwochs oder im Falle von Plenartagungen des Europäischen Parlaments dienstags).

Der Kommissionspräsident und die übrigen Kommissionsmitglieder werden von den Regierungen der Mitgliedstaaten im gegenseitigen Einvernehmen, nach Prüfung und Zustimmung des Europäischen Parlaments, für eine Amtszeit von fünf Jahren ernannt. Der Kommissionspräsident hat Richtlinien- und organisatorische Kompetenz. Die Kommissionsmitglieder üben ihre Tätigkeit in voller Unabhängigkeit (Art. 17 EUV) aus. Ihnen sind unterschiedliche Fachbereiche zugewiesen. Der Verwaltungsunterbau der Europäischen Kommission gliedert sich in Generaldirektionen und Dienste. Die Europäische Kommission wird von Ausschüssen von Vertretern der Mitgliedstaaten unterstützt und kontrolliert (Komitologie). Als Kollegium kann sie durch ein Misstrauensvotum des Europäischen Parlaments zum Rücktritt gezwungen werden. Amtsenthebung einzelner Kommissare, etwa bei schweren Verfehlungen, ist ebenfalls möglich.

3. *Aufgaben:* Die Europäische Kommission hat das Initiativmonopol in den meisten Politikbereichen. Nach der Annahme eines legislativen Vorschlags begleitet die Europäische Kommission diesen durch den gesamten Gesetzgebungsprozess und ist bestrebt, in enger Zusammenarbeit mit der Ratspräsidentschaft, die endgültige Annahme des Vorschlags durch den Rat und das Europäische Parlament zu erleichtern. Die Europäische Kommission hat außerdem exekutive Befugnisse, in-

dem sie Unionsprogramme (Forschungsrahmenprogramm, Media, Lebenslanges Lernen etc.) verwaltet und Fördermittel vergibt. Im Haushaltsverfahren ist die Europäische Kommission verantwortlich für Aufstellung und Verwaltung des EU-Haushaltes. Als „Hüterin der Verträge" überwacht sie die Einhaltung der Verträge und des Sekundärrechts durch die Mitgliedstaaten. Dies schließt die Möglichkeit ein, ein mehrstufiges Vertragsverletzungsverfahren einzuleiten und notfalls vor dem *Europäischen Gerichtshof* (EuGH) gegen Mitgliedstaaten Klage zu erheben. Im Rahmen der Europäischen Wirtschafts- und Währungsunion (EWWU) kann sie ein Defizitverfahren einleiten, als Kartellbehörde ein Bußgeld für Unternehmen verhängen oder als Wettbewerbshüterin Unternehmensfusionen genehmigen oder unterbinden. In den Außenbeziehungen verhandelt die Europäische Kommission im Auftrag des Rats der Europäischen Union internationale Abkommen und verwaltet Hilfs- und Entwicklungsprogramme. Beitritte von neuen EU-Mitgliedstaaten werden von der Europäischen Kommission vorbereitet und überwacht.

Europäische Nachbarschaftspolitik (ENP)

Programm der Europäischen Union (EU), das von der Europäischen Kommission am 12.5.2004 als Strategiepapier vorgelegt worden ist (KOM(2004) 373 endgültig). Ziel der ENP ist es, einen „Ring stabiler, befreundeter Staaten" um die EU herum zu etablieren und zu stabilisieren. Neben verbesserten Wirtschaftsbeziehungen sind die Stärkung der Rechtsstaatlichkeit, Demokratie und Menschrechte vorgesehen. Die ENP hat ausdrücklich nicht die Erweiterung der EU zum Ziel. Zunächst nur an südliche Partnerländer gerichtet (Union für den Mittelmeerraum), wurde das Programm 2008/2009 um eine sogenannte Östliche Partnerschaft erweitert. Mit dem Vertrag von Lissabon wurde die ENP mit Wirkung vom 1.12.2009 in Artikel 8 EUV rechtlich verankert. Die ENP wird durch das Europäische Nachbarschafts- und Partnerschaftsinstrument (ENPI) finanziert. Im EU-Finanzplan 2014–2020 stehen für die ENP 15,4 Mrd. Euro zur Verfügung. Verschiedene Instrumente stehen als Handlungsmöglichkeiten im Raum: neben Finanzierungshilfen insbesondere technische Unterstützung durch den kurzfristigen Informationsaustausch mit Sachverständigen (TAIEX) und durch langfristig angelegte Verwaltungspartnerschaften mit Verwaltungen aus EU-Mitgliedstaaten (Twinning) in Form eines Projektes zum Kompetenzaufbau. Eine Reform der ENP wurde 2015 erforderlich: Neben einer stärkeren Differenzierung zwischen den Nachbarstaaten durch die Festlegung von individuellen Prioritäten der Zusammenarbeit sollen u. a. die EU-Mitgliedstaaten stärker bei der Planung sowie die „Nachbarn der Nachbarn" bei der Durchführung der Kooperationsformate einbezogen werden.

Europäische Union der verschiedenen Geschwindigkeiten

Europapolitisches Modell aus den 1980er-Jahren, das die engere Zusammenarbeit einiger (Kern-)Mitgliedstaaten beschreibt, sofern andere EU-Mitgliedstaaten (noch) nicht integrationswillig und integrationsfähig sind (Kerneuropa). Das Modell wird seit 2017 aufgrund des Juncker-Plans (Weißbuch zur Zukunft Europas), wegen der Krise der Europäischen Union, des Brexit, der EU-kritischen Parteien und Populisten wiederbelebt.

Praxis der EU der verschiedenen Geschwindigkeiten: In der Praxis ist die EU der verschiedenen Geschwindigkeiten längst Realität: Die Gemeinschaftswährung Euro und der Schengenraum sind zwei prominente Integrationsprojekte, die nur von einigen, aber nicht allen Mitgliedstaaten verfolgt werden. Während einige Mitgliedstaaten beitrittswillig, aber nach Wahrnehmung der anderen Mitgliedstaaten noch nicht aufnahmefähig sind, nehmen andere Mitgliedstaten bewusst nicht an diesen Gemeinschaftsprojekten teil.

Gründe für die EU der verschiedenen Geschwindigkeiten: In der Krise der EU und der inhaltlichen Spaltung bei vielen Fachthemen, u. a. wegen der EU-kritischen Parteien, die in verschiedenen Mitgliedstaaten die Regierung stellen, bietet die EU der verschiedenen Geschwindigkeiten die Möglichkeit, Blockaden zu lösen und eine Handlungsfähigkeit der EU herzustellen, bzw. sicherzustellen. Das europapolitische Instrument, das im EUV und AEUV verankert ist, wird „Verstärkte Zusammenarbeit" genannt. Im Herbst 2017 wurden die EU-Staatsanwaltschaft und die EU-Verteidigungsunion beschlossen – Projekte, an welchen 22, bzw. 25 der 28 Mitgliedstaaten teilnehmen.

Kritik an der EU der verschiedenen Geschwindigkeiten: Beobachter und Kritiker bemängeln, dass in der EU eine Zwei-Klassen-Gesellschaft entsteht.
Einige EU-Mitgliedstaaten würden dadurch abgehängt. Andererseits biete die EU der verschiedenen Geschwindigkeiten Spielraum für unterschiedliche (gegenläufige) Entwicklungen, was nicht mit einer immer engeren politischen Union vereinbar sei. Aber gerade diese immer engere politische Union der EU wird nicht zuletzt durch demokratische Wahlergebnisse in den Mitgliedstaaten mehr und mehr infrage gestellt – ist die politische Union ein Projekt, dass die Mehrheit der Bürger noch mitträgt oder ist die EU der verschiedenen Geschwindigkeiten ein Modell, das die Wirklichkeit und den Bürgerwunsch besser abbildet?

Europäische Verteidigungsagentur

Engl. *European Defense Agency (EDA)*, ist eine 2004 gegründete Europäische Agentur der Europäischen Union mit dem Ziel der Rüstungsforschung, -koordinierung und -planung. 26 EU-Mitgliedstaaten nehmen an der EVA teil (das UK ist mit dem Brexit ausgeschieden, Dänemark nimmt ebenfalls nicht teil). Die EVA hat ihren Sitz in Brüssel, mehr als 100 Mitarbeiter und ein durchschnittliches Jahresbudget von 30 Mio. Euro (2009–2014). Ursprünglich der Gemeinsamen Außen- und Sicherheitspolitik (GASP) zugeordnet, steigt ihre Bedeutung mit der EU-Verteidigungsunion seit 2017.

Europäische Verteidigungsinitiative

Abgekürzt EI2 oder EII, engl. *European Intervention Initiative*.

1. *Entstehung*: Auf die Idee und Initiative des französischen Präsidenten *Emmanuel Macron* hin haben acht Mitgliedstaaten der Europäischen Union (EU) die EI2 am 25.6.2018 ins Leben gerufen. Inzwischen nehmen zehn EU-Mitgliedstaaten daran teil: Frankreich, Deutschland, Dänemark, Spanien, Portugal, Finnland, Belgien, Niederlande, Estland und das UK.

2. *Gegenstand*: Die EI2 ist eine Vereinigung von inzwischen zehn Mitgliedstaaten, die eine stärkere Integration der Europäischen Verteidigungspolitik anstreben. Auf Grund der Abschottungspolitik des US-Präsidenten *Trump* und seiner *America-First-Politik* werden alte Allianzen der EU in Frage gestellt. Europa ist mehr als bisher auf sich gestellt. Eine bessere Abstimmung von Verteidigungs- und Befehlsstrukturen zwischen den Mitgliedstaaten wird wegen der geänderten Bedrohungslage (geringere Unterstützung der USA, Terror-Gefahr in der EU, Krisen im Umfeld der EU und in der näheren EU-Nachbarschaft) nötig. Die Idee einer eigenständigen europäischen Militärmacht als eine *EU der Sicherheit* (nach innen) aber auch als Reaktionskraft zur Intervention im Rahmen von Beschlüssen der Vereinten Nationen, der NATO und eigenen *Ad-hoc*-Beschlüssen der EU (nach außen) wird von europäischen Politikern angestrebt. Bei der Gründung der EI2 wird betont, dass diese „nicht die Schaffung einer neuen schnellen Eingreiftruppe" beinhaltet. Die deutsche Bundesregierung beschreibt den Gegenstand der EI2 als „flexibles, nicht bindendes und ressourcenneutrales Forum ohne Einrichtung stehender Strukturen und ohne Assignierung von Truppen".

3. *Rechtsgrundlagen*: Kritische Stimmen bemängeln die unklaren Rechtsgrundlagen, auf welchen die EI2 gegründet worden ist. Die EI2 ist nicht Bestandteil der EU-Verteidigungsunion (die von 22 Mitgliedstaaten 2017 gegründet worden ist und an der das UK und Dänemark nicht teilnehmen) und sie ist ohne erkennbaren Rechtsakt lediglich durch einen „*Letter of intent*" gegründet worden.

4. *Bewertung*: Dieser Schritt der engeren Zusammenarbeit von 10 EU-Mitgliedstaaten wird von politischen Beobachtern als ein „Erwachsenwerden" Europas und ein selbstständiges Einstehen für eigene Interessen bewertet. Im Gegensatz zur EU-Verteidigungsunion, an der 25 Mitgliedstaaten, aber nicht Dänemark und das UK teilnehmen, werden im Rahmen der EI2 eben Dänemark und das UK (auch nach dem Brexit) eingebunden. Mit Frankreich und dem UK umfasst die EI2 zwei Atommächte. Die weitere Entwicklung bleibt abzuwarten. Die EI2 steht außerhalb der EU-Verteidigungsunion und überscheidet sich in der Mitgliedschaft. Sie ist damit nicht Gegenstand der Verstärkten Zusammenarbeit, aber Beispiel für die Europäische Union

der verschiedenen Geschwindigkeiten und eines (wenn auch verschobenen) Kerneuropas, da künftig das UK als Nicht-EU-Mitgliedstaat vertreten sein wird.

Europäische Zentralbank (EZB)

Die Europäische Zentralbank (EZB) ist mit Blick auf die dritte und letzte Stufe der Europäischen Wirtschafts- und Währungsunion (EWWU), die am 1.1.1999 begann, geschaffen worden. Sie ist Teil des Europäischen Systems der Zentralbanken (ESZB), das außer ihr aus allen nationalen Zentralbanken der EU-Mitgliedsstaaten besteht (Art. 127ff. AEUV). Die EZB ist eine in Frankfurt a.M. ansässige Gemeinschaftseinrichtung (kein Organ) und ist mit eigener Rechtspersönlichkeit ausgestattet. Die EZB ist durch die nationalen Zentralbanken mit einem Grundkapital von gut fünf Mrd. Euro ausgestattet. Darüber hinaus ist die EZB mit Währungsreserven (ausschließlich Währungsbereiche außerhalb der EWWU) im Gegenwert von 50 Mrd. Euro ausgestattet.

Europäischer Rat

1. *Begriff/Merkmale:* Der Europäische Rat ist das Dachorgan und die höchste politische Instanz der EU. In ihm kommen die Staats- und Regierungschefs der EU und der Präsident des Europäischen Rats und der Präsident des Europäischen Parlaments sowie Präsident der Europäischen Kommission bis zu zweimal pro Halbjahr zusammen (sogenannte *Gipfeltreffen*). Er wurde 1974 institutionalisiert und hat seit der Einheitlichen Europäischen Akte (EEA) eine primärrechtliche Verankerung. An den mindestens zwei jährlichen *Gipfeltreffen* des Europäischen Rates nehmen auch die Außenminister und ein weiteres Mitglied der Kommission teil. Die Wirtschafts- und Finanzminister können in Fragen der Wirtschafts- und Währungsunion hinzugerufen werden. Der Europäische Rat erstattet dem Europäischen Parlament Bericht. Er ist nicht zu verwechseln mit dem Rat der Europäischen

Union (vormals Ministerrat) oder dem Europarat in Straßburg, der bereits 1949 als eigenständige internationale Organisation gegründet wurde. Mit dem Vertrag von Lissabon wird der Europäische Rat nun auch vertraglich zu einem Organ der EU erhoben (Art. 13 EUV und Art. 15 EUV).

2. *Aufgaben:* Der Europäische Rat gibt der Union die für ihre Entwicklung erforderlichen Impulse und legt die allgemeinen politischen Zielvorstellungen und Prioritäten hierfür fest (Art. 15 I EUV). Dies ist auch relevant für die Bereiche Wirtschafts- und Beschäftigungspolitik. Der Europäische Rat kann im Rahmen der GASP nicht nur Grundsätze und allg. Leitlinien, sondern auch Gemeinsame Strategien beschließen (Art. 26 EUV).

Europäischer Sozialfonds (ESF)

1. *Gegenstand:* Einer der Strukturfonds der Europäischen Union (EU); zentrales Instrument der Strukturpolitik der EU und der EU-Strategie von Lissabon für Wachstum und Beschäftigung. Von Beginn an im Vertrag über die Gründung der Europäischen Wirtschaftsgemeinschaft (EWG; EWGV) verankert. Die Operationen des ESF begannen 1960.
2. *Ziele:* Mithilfe des ESF wird die Beschäftigung in der EU gefördert. Die grundlegende Bestimmung des ESF ergibt sich aus dem Motiv, die im Zuge der Herausbildung eines gemeinsamen Marktes ausgelösten Anpassungsprozesse in Ergänzung zu den mitgliedstaatlichen Maßnahmen arbeitsmarktpolitisch zu flankieren. Dadurch soll zu einer harmonischen Entwicklung der Gemeinschaft als Ganzes sowie zur Stärkung des „wirtschaftlichen und sozialen Zusammenhalts" der EU *(Kohäsion)* beigetragen werden.
3. Gemäß den Art. 162 ff. AEUV verfolgt der Fonds die *Aufgabe,* vorrangig die Beschäftigungsmöglichkeiten in den wirtschaftlich zurückgebliebenen Regionen der Gemeinschaft zu verbessern. Zu diesem Zweck unterstützt der Fonds vor allem Anpassungsmaßnahmen von Arbeitnehmern und Unternehmen, den Zugang von Arbeits-

suchenden, Nichterwerbstätigen, Frauen und Zuwanderern zum
Arbeitsmarkt, soziale Eingliederung benachteiligter Personen und
Kampf gegen Diskriminierung auf dem Arbeitsmarkt, Stärkung des
Humankapitals durch die Reform von Bildungssystemen und die Ver-
netzung von Bildungseinrichtungen.

4. *Mittelausstattung:* Von 2014–2020 stehen in der EU insgesamt über
80 Mrd. Euro aus ESF-Mitteln zur Verfügung. Für Deutschland sind
es im gleichen Förderzeitraum 7,5 Mrd. Euro.

5. Angesichts der *Wirtschafts- und Finanzkrise* und ihren negativen Auswirkungen auf die Beschäftigungssituation kann der ESF – komple-
mentär zu den nationalen sozialen Sicherheitssystemen – eine unter-
stützende Rolle spielen, um Arbeitnehmer und Unternehmen durch
die Krise zu bringen und ihre sozialen Folgen abzumildern. Die Kommission hat den Zugang zu ESF-Mitteln in der Krise erleichtert und
flexibler gestaltet sowie die Mittelauszahlungen vorgezogen.

Europäischer Verteidigungsfonds

Wurde 2017 zur Finanzierung der *EU-Verteidigungsunion* geschaffen,
engl. European Defence Industrial Development Programme (abgekürzt EDIDP).

Zunächst waren 5,5, Mrd. Euro pro Jahr vorgesehen. Im März 2019
wurde für die Finanzjahre 2019–2020 eine Finanzierung von ca. 500
Mio. Euro beschlossen, mit welchen die bislang 34 gemeinsamen Projekte kofinanziert werden sollen. Der Europäische Verteidigungsfonds
wird die nationalen Verteidigungsinvestitionen koordinieren, ergänzen
und verstärken. 20 % der Finanzierung erfolgt aus dem Verteidigungsfonds, die nationalen Haushalte der teilnehmenden EU-Mitgliedstaaten
finanzieren 80 % der Projekte.

Verstetigung des Europäischen Verteidigungsfonds ab 2021: Ab 2021 wird
ein vollwertiger Europäischer Verteidigungsfonds verstätigt und damit
einen Beitrag zur strategischen Autonomie der EU leisten. Im mehrjährigen Finanzrahmen 2021–2027 sind 13 Mrd. Euro für den Europäischen Verteidigungsfonds vorgesehen.

Europäisches Amt für Betrugsbekämpfung

Abgekürzt OLAF (*Office Européen de Lutte Anti-Fraude*), Ermittlungs-
behörde der Europäischen Union (EU) im Range einer Generaldirektion
der Europäischen Kommission.

Sitz: Brüssel.

Hintergrund und Gründung: Unter dem Eindruck von Betrügereien zu
Lasten des Gemeinschaftshaushalts bei Zöllen, Agrarsubventionen und
den Strukturfonds mit jährlichen Schäden in Milliardenhöhe wurde
OLAF auf Druck des Europäischen Parlaments eingerichtet. Mitglieder
des Europäischen Parlamentes kritisierten bei UCLAF organisatorisches
Chaos, schlecht geführte und dokumentierte Ermittlungen, unvoll-
ständige und irreführende Daten über Betrugsfälle, sowie zögerliches
Vorgehen gegen EU-Bedienstete bei Korruptionsverdacht. Weil UCLAF
als weisungsabhängige Abteilung in der Europäischen Kommission organisiert sei und dies die Bekämpfung von Unregelmäßigkeiten und Korruption innerhalb der EU-Institutionen behindere, forderten eine Reihe
von EU-Parlamentariern die Einrichtung einer unabhängigen Unter-
suchungsbehörde für Fälle von Betrug und Korruption. Als Folge daraus
wurde OLAF auf der rechtlichen Grundlage des Artikels 280 EGV mit
dem Kommissions-Beschluss 1999/352/EG, EGKS, Euroatom vom 28.
April 1999 als selbständige Einrichtung innerhalb der Kommission gegründet, die mit Autonomie, also Eigenständigkeit ausgestattet ist. OLAF
hat am 1. Juli 1999 die Arbeit aufgenommen. Ende 2005 waren bei
OLAF insgesamt 390 Bedienstete beschäftigt, viele davon sind nationale
Experten, die von Fachbehörden, z. B. der Agrar-, Polizei- oder Zollver-
waltung, ausgeliehen worden sind.

Ziel: Aufdeckung und Ermittlung von Betrugsfällen und Korruption
zu Lasten des EU-Haushalts. OLAF ermittelt inner- und außerhalb der
europäischen Behörden, z. B. in Behörden der Mitgliedstaaten, die
EU-Eigenmittel vereinnahmen oder auszahlen. OLAF unterstützt, koordiniert und beobachtet die Arbeit nationaler Behörden in seinem Auf-
gabenbereich und konzipiert die Betrugsbekämpfung der EU. Die straf-
rechtliche Verfolgung der aufgedeckten Missstände ist Aufgabe der
nationalen Strafverfolgungsbehörden, da es bislang kein einheitliches
europäisches Strafrecht gibt.

Die Aufgaben von OLAF umfassen: die Aufdeckung und Verfolgung von Betrug im Zollbereich, die Aufdeckung von Steuerhinterziehung (soweit sie sich auf den EU-Haushalt auswirkt), die Bekämpfung von Korruption und schwerem Fehlverhalten innerhalb der EU-Institutionen, die Aufdeckung sonstiger Gesetzesverstöße, die die EU finanziell schädigen.

Organisation und Struktur: OLAF ist in vier Hauptabteilungen, die so genannten Direktionen, gegliedert. Jede Direktion umfasst wiederum mehrere Referate.

Direktion A Untersuchungen und operationelle Aktivitäten I: Referat Interne Untersuchungen – Organe der EU (A 1), Referat Interne/Externe Untersuchungen – Außenstellen und Agenturen der EU (A 2), Referat Direkte Ausgaben und Außenhilfe (A 3), sowie Referat Außenhilfe (A 4).

Direktion B Untersuchungen und operationelle Aktivitäten II: Referat Landwirtschaft (B 1), Referat Zölle I (B 2), Referat Zölle 2 (B3), sowie Referat Strukturpolitische Maßnahmen (B 4).

Direktion C Operationelle und Politische Unterstützung: Referat Justitielle Angelegenheiten, Rechtsberatung (C 1), Referat Betrugsprävention und Intelligence (C 2), Referat Amtshilfe und Intelligence (C 3), Referat Operationelle Intelligence (C 4), Referat Schutz des Euro (C 5).

Direktion D Allgemeine Angelegenheiten: Referat Pressesprecher, Kommunikation, Öffentlichkeitsarbeit (D 1), Referat Gesetzgebung und Rechtsangelegenheiten (D 2), Referat Interinstitutionelle und Außenbeziehungen (D 3), Referat Erweiterung, Ausschüsse und Berichte (D 4), Referat Verwaltung und Personalwesen (D 5), Referat Haushalt (D 6), Referat Fortbildung, Implementierung von Programmen (D 7) und Referat Informationsdienst (D 8).

Arbeitsbereiche: Die Arbeitsbereiche von OLAF sind: Eigene Ermittlungen (interne und externe Untersuchungen), Unterstützung und Koordinierung anderer Ermittlungen, z. B. der Mitgliedstaaten, Monitoring und Überwachung anderer Ermittlungen, „Intelligence", d. h. Bereitstellung von Fachwissen, Analysen und Risikodaten, Konzipierung der Betrugsbekämpfung der EU.

OLAF ermittelt selbst sowohl bei EU-Behörden (interne Verwaltungsuntersuchung) als auch in Nicht-EU-Behörden (externe Verwaltungsuntersuchung), sofern diese Institutionen EU-Eigenmittel einnehmen oder ausgeben. Es unterstützt die Ermittlungen anderer Behörden, indem es beispielsweise auf EU-Ebene gesammelte Informationen anbietet. Es koordiniert in grenzübergreifenden Fällen die Ermittlungen der nationalen Behörden. Beim Monitoring wird der Verlauf der Ermittlungen anderer Behörden verfolgt. Im amtsintern „Intelligence" genannten Bereich stellt OLAF den Mitgliedsstaaten oder Drittländern multidisziplinäres Fachwissen, strategische Analysen und Risikobewertungen zur Verfügung.

Kritik: Kritische Beobachter kritisieren die Eingliederung in die Organisationsstruktur der Kommission und die Abkehr von der ursprünglichen Idee der Schaffung eines unabhängigen Amtes.

Europäisches Gericht Erster Instanz (EuG)

Gericht Erster Instanz der Europäischen Union; dem Europäischen Gerichtshof (EuGH) im Zuge der Umsetzung der Einheitlichen Europäischen Akte (EEA) beigeordnetes Gericht mit Sitz in Luxemburg. Es wurde durch den Beschluss 88/591/EGKS/EWG/Euratom des Rates vom 24.10.1988 zur Entlastung des Europäischen Gerichtshofes geschaffen, besteht aus siebenundzwanzig Richtern (ein Richter je Mitgliedsstaat). Jeder Mitgliedsstaat muss durch mindestens einen Richter vertreten sein. Das EuG nahm im September 1998 seine Tätigkeit auf und hat Richter, die von den Regierungen der Mitgliedstaaten im gegenseitigen Einvernehmen für eine Amtszeit von sechs Jahren ernannt werden. Das Gericht tagt in Kammern mit drei oder fünf Richtern (vgl. Art. 50 des Protokolls über die Satzung des Gerichtshofs der Europäischen Union vom 26.2.2001 (ABl. EU 2001 Nr. C 80/53) m. spät Änd.). Das EuG ist für bestimmte Arten von Verfahren zuständig (z. B. Klagen im Zusammenhang mit der Anwendung der gemeinschaftsrechtlichen Wettbewerbsbestimmungen, Streitsachen hinsichtlich handelspolitischer Schutzmaßnahmen), vgl. Art. 256 AEUV, Art. 140a EAG.

Gegen Entscheidungen des EuG können unter bestimmten Voraussetzungen Rechtsmittel beim EuGH eingelegt werden (Art. 56 des Protokolls der Satzung, a. a. O.) Ferner ist 2005 aufgrund des Beschlusses des Rates vom 2.11.2004 (ABl. EU 2004 Nr. L 333/7) das Gericht für den öffentlichen Dienst der Europäischen Union errichtet worden, der für Streitsachen im Bereich des öffentlichen Dienstes der EU zuständig ist. Wurde mit dem Vertrag von Lissabon (2009) unbenannt in *Gericht der Europäischen Union.*

Europäisches Parlament

1. *Begriff/Charakterisierung:* Das gemeinsame parlamentarische Organ der EU. Es setzt sich aus Vertretern der Unionsbürgerinnen und Unions-bürger zusammen (Art. 13, 14 Abs. 1 EUV, Art. 223–234 AEUV). Es hat seinen Sitz in Straßburg, wo im Jahr 12 Plenarsitzungen stattfinden; Ausschüsse und Fraktionen tagen in Brüssel. Die Abgeordneten des Europäischen Parlaments werden für die Dauer von fünf Jahren von den Bürgern der Mitgliedstaaten direkt gewählt. Im Europäischen Parlament existieren keine nationalen Gruppierungen, sondern politi-sche Fraktionen auf Unionsebene. Der Anzahl der Mandate eines Mit-gliedslandes liegt ein vertraglicher Schlüssel zugrunde, der an der Be-völkerungszahl orientiert ist.

2. *Kompetenzen:* Seit der ersten Direktwahl im Jahr 1979 hat sich das Europäische Parlament schrittweise zu einem Mitgestalter der Ge-meinschaftspolitik entwickelt. Besonders seine Gesetzgebungsbefug-nisse wurden ständig erweitert. Mit dem Vertrag von Lissabon wird das Mitentscheidungsverfahren zum Regelverfahren erhoben.

a) *Haushaltsbefugnisse:* Aufgrund seiner Position im Haushaltsverfahren kann das Europäische Parlament Einfluss auf die finanziellen Spiel-räume für die verschiedenen Politikbereiche nehmen. Das Europä-ische Parlament hat das Recht, den Gesamt-Haushaltsplan der EU abzulehnen; bei den sogenannten nicht-obligatorischen Ausgaben (z. B. Strukturfonds, Forschungsprogramme, Umweltpolitik, Ver-kehr) kann das Parlament die Höhe der Etatansätze beschließen.

b) *Gesetzgebungsbefugnisse:* Der EWGV sah ursprünglich vor, dass die Kommission Rechtsakte vorschlug und der Rat sie – seit 1979 nach Anhörung des Parlaments – verabschiedete. Der Unionsvertrag gibt ihm das Recht, Gesetzgebungsvorhaben zu initiieren, verpflichtet die Kommission aber nicht ausdrücklich, auf Aufforderung des

Europäischen Parlaments einen Vorschlag für einen zu erlassenden Rechtsakt auszuarbeiten. Die Überprüfung des jährlichen Arbeitsprogramms der Kommission gibt dem Parlament Gelegenheit, seine Prioritäten anzumelden.

Bei der Beteiligung des Europäischen Parlaments an der EU-Gesetzgebung kann man abgestufte Mitbestimmungs- bzw. Mitwirkungsrechte im ordentlichen und besonderen Gesetzgebungsverfahren unterscheiden (Art. 289, 294 AEUV).

c) *Ernennung und Kontrolle:* Die Europäische Kommission ist dem Europäischen Parlament verantwortlich. Nach Ende eines Haushaltsjahrs entscheidet das Europäische Parlament auf der Basis des Berichts des EuRH über die Entlastung der Kommission. Das Europäische Parlament hat das Recht, die Europäische Kommission zu einer *Rechtsetzungsinitiative* aufzufordern. Das Europäische Parlament muss der Ernennung der Kommissare zustimmen, kann einem amtierenden Kommissar das Vertrauen entziehen und die Kommission über ein Misstrauensvotum zum Rücktritt zwingen (Art. 247 AEUV). Darüber hinaus wählt das Parlament den Präsidenten der Kommission (Art. 14 I EUV-Lissabon).

3. *Zusammensetzung:* Das Europäische Parlament setzt sich aus 705 Vertretern der Unionsbürgerinnen und Unionsbürger zusammen (Art. 14 EUV).

Die Bürgerinnen und Bürger sind im Europäischen Parlament degressiv proportional, mind. jedoch mit sechs Mitgliedern je Mitgliedsstaat vertreten (Art. 14 II S. 3 EUV). Kein Mitgliedsstaat erhält mehr als 96 Sitze (Art. 14 II S. 4 EUV). Den größten Anteil mit 96 Sitzen hat die Bundesrepublik Deutschland gefolgt von Frankreich mit 79 Sitzen und Italien mit 76 Sitzen. Die nächsten großen Länder sind Spanien mit 59 Sitzen und Polen mit 52 Sitzen. Die geringste Anzahl an Abgeordneten haben Luxemburg, Malta, Zypern (6 Sitze), Estland (7 Sitze) und Lettland und Slowenien (8 Sitze).

Das Europäische Parlament verfügt über 20 parlamentarische Ausschüsse, die in öffentlicher Sitzung ein- bis zweimal monatlich zusammentreten und die Abstimmungen im Plenum vorbereiten.

Mit dem Brexit hat sich die Zusammensetzung des EP geändert. An der Wahl zum Europäischen Parlament vom 23.5. bis 26.5.2019 hatte das UK noch teilgenommen. Bis zum Brexit am 31.1.2020 bestand das EP aus 751 Abgeordneten.

Live-Debatten: alle Ausschuss- und Plenarsitzungen können über Internet live verfolgt werden.

Europol

Von den Mitgliedsstaaten der EU mit dem Übereinkommen vom 26.7.1995 (Europol-Übereinkommen; BGBl. 1997 II, 2153) errichtetes *Europäisches Polizeiamt* mit Sitz in Den Haag zur Bekämpfung u. a. des Terrorismus, illegalen Drogenhandels, der Schleuserkriminalität, der Kinderpornografie, des Waffenhandels und des Menschenhandels mit Stellung einer EU-Agentur.

Rechtsgrundlagen: Europol wurde gegründet auf Grundlage des Art. K.3 Abs. 2 Buchst. c EUV in der Fassung des Maastrichter Vertrags. (ABl. EG 1995 Nr. C 316/1). Zur Umsetzung des Beschlusses des Rates 2009/371/JI vom 6.8.2009 ist in Deutschland das EUROPOL-Gesetz vom 16.12.1997 (BGBl. II 1997, 2150) m. spät. Änd. erlassen worden.

Aufgaben und Arbeitsweise: Nach Art. 88 Abs. 1 AEUV. koordiniert Europol die grenzüberschreitende Verfolgung von Straftaten durch die Strafverfolgungsbehörden der Mitgliedstaaten. Dabei darf Europol operative Maßnahmen nur in Verbindung und in Absprache mit den Behörden des Mitgliedstaats/der Mitgliedstaaten ergreifen, deren Hoheitsgebebiet betroffen ist – Europol hat keine eigenständigen Eingriffsbeamten. Insbesondere die Anwendung von Zwangsmaßnahmen bleibt ausschließlich den zuständigen Behörden der Mitgliedstaaten vorbehalten (Art. 88 Abs. 3 AEUV).

Darüber hinaus unterstützt Europol die Zusammenarbeit mit den Zollbehörden der Mitgliedstaaten, die Strafverfolgung mithilfe von Eurojust und der EU-Staatsanwaltschaft (zweier weiterer EU-Agenturen) sowie dem Europäischen Amt für Betrugsbekämpfung (OLAF).

EUROSTAT

Statistisches Amt der Europäischen Union mit Sitz in Luxemburg. Verantwortlich für die Erhebung und Veröffentlichung von Statistiken der EU (insbesondere Handel), die nationalen Statistikämter der Mitgliedsstaaten arbeiten EUROSTAT zu und melden regelmäßig nationale Daten.

EUV

Abk. für *Vertrag über die Europäische Union*; mit dem Maastrichter Vertrag wurde der EUV unterzeichnet und neben den damals noch drei Europäischen Gemeinschaften (EGKS, EAG, EWG) eingeführt (jetzt besteht neben der EU nur noch die EAG). Das Drei-Säulen-Modell erklärte die Dachstruktur des EUV über den drei Gemeinschaften (die gemeinsam die sogenannte Erste Säule der EU bilden) und die Ergänzung des Ordnungsrahmens um zwei weitere Säulen: die GASP und die *Zusammenarbeit in den Bereichen Justiz und Inneres*. Mit dem Vertrag von Lissabon ist der EUV erneut geändert worden. Die EG hat ihre Rechtspersönlichkeit verloren und die EU hat *Rechtspersönlichkeit* gewonnen. Zahlreiche Vorschriften sind aus dem EGV – geändert – in den EUV und den AEUV übernommen worden. Das Drei-Säulen-Modell ist nicht mehr gültig und ersetzt worden in das „Gemeinsame-Haus-Modell".

EWG

Abkürzung für *Europäische Wirtschaftsgemeinschaft*.

1. *Überblick:* Die Europäische Wirtschaftsgemeinschaft (EWG) war eine der drei Europäischen Gemeinschaften (die EWG wurde mit dem Maastrichter Vertrag in EG umbenannt; mit dem Vertrag von Lissabon hat sie ihre Rechtspersönlichkeit verloren und ist in der EU aufgegangen; daneben besteht noch immer die EAG; seit 23.7.2002 ist

der EGKS-Vertrag nicht mehr gültig, die zunächst drei Gemeinschaften haben sich auf eine – die EAG – reduziert), auf denen die Europäische Union (EU) basiert.

Seit der in Maastricht beschlossenen Reform der Gründungsverträge (in Kraft seit 1.11.1993) heißt die EWG „Europäische Gemeinschaft". Die Abkürzung „EG" („Europäische Gemeinschaften") wurde zugleich für die drei bzw. zwei Gemeinschaften als Ganzes verwendet, ist jedoch unpräzise.

Die EWG war eine supranationale Körperschaft des Völkerrechts. Der Gründungsvertrag (EWG-Vertrag, EWGV) wurde am 25.3.1957 in Rom unterzeichnet (einer der sogenannten Römischen Verträge) und trat am 1.1.1958 zusammen mit dem EURATOM-Vertrag (EAGV) in Kraft. Sowohl die Fusion der Organe (1967) der drei Gemeinschaften (EWG, EAG, EGKS) als auch die Einbettung des E(W)G-Vertrags in den Vertrag über die Europäische Union (EUV) bedeuten 1993 keine Verschmelzung der drei Gemeinschaften. Mit dem Vertrag von Lissabon ist der EGV umbenannt in den „Vertrag über die Arbeitsweise der Europäischen Union" (AEUV). Gleichzeitig verliert die EG ihre Rechtspersönlichkeit und geht vollständig in der EU auf, die Rechtspersönlichkeit gewinnt. Daneben bleibt von den Gründungsgemeinschaften nur die EAG (EURATOM) bestehen. Die Geltungsdauer des E(W) G-Vertrags war zeitlich unbegrenzt nach Art. 312 EGV; gleiches gilt nun für den EUV und den AEUV, Art. 356 AEUV. Die EWG bestand vom 1.1.1958 bis 31.12.1992, die EG von 1.1.1993 bis 30.11.2009. Seitdem ist die EG in der EU aufgegangen.

2. *Gründung und Mitgliedsstaaten:* Die sechs Mitgliedstaaten der EGKS (Belgien, Bundesrepublik Deutschland, Frankreich, Italien, Luxemburg und die Niederlande) beschlossen auf der Konferenz von Messina (1./2.6.1955), eine gemeinsame Zollunion zu errichten, die sämtliche Sektoren ihrer jeweiligen Volkswirtschaften umfasst. Neben den wirtschaftspolitischen Absichten, die mit der Errichtung der EWG verbunden waren, bestanden stets auch allgemeinpolitische Ziele (z. B. Wohlstandsmehrung als Grundlage einer gedeihlichen innenpolitischen Entwicklung der Mitgliedstaaten, Friedenssicherung, soziale Entwicklung).

3. *Aufgaben:*

a) *Ziele und Aufgabenzuweisungen gemäß Gründungsvertrag:* Im Unterschied zur EGKS und der EAG war die EWG von Anfang an auf die Integration *aller* Wirtschaftssektoren der beteiligten Länder ausgerichtet. Dem lag die Absicht zugrunde, über eine verbesserte Ressourcenallokation zur besseren Erreichung der wirtschaftspolitischen Oberziele beizutragen und zugleich ganz allgemein „engere Beziehungen zwischen den Staaten zu fördern, die in der Gemeinschaft zusammengeschlossen sind" (Art. 2 EWGV von 1957). Integrationspolitisches Ziel des EWGV von 1957 war die Erreichung einer Zollunion bis zum 1.1.1970 (bereits zum 1.7.1968 verwirklicht). Als eine Konsequenz der Option für das Konzept der Zollunion besitzt die EWG seit dem 1.1.1973 die alleinige handelspolitische Kompetenz gegenüber Drittstaaten (gemeinsame Handelspolitik, ex-Art. 131 ff. EGV, Art. 206 ff. AEUV). Für den Agrarsektor gelten unter Beachtung der spezifischen Bestimmungen der Art. 45–48 AEUV (ex-Art. 39–42 EGV) ebenfalls die allgemeinen Vorschriften über den Gemeinsamen Markt, analog für die Verkehrspolitik (Art. 90–100 AEUV, ex-Art. 70–80 EGV). Außerdem beinhaltete der E(W)GV seit Anfang an umfangreiche gemeinsame Wettbewerbsregeln und das Postulat, die mitgliedsstaatlichen Rechtsvorschriften aneinander anzugleichen, soweit dies „für das ordnungsgemäße Funktionieren des gemeinsamen Marktes erforderlich ist". Im Übrigen enthielt der Gründungsvertrag gewisse Ansätze für eine gemeinsame Sozialpolitik.

b) *Ausweitung der Gemeinschaftskompetenzen:*

(1) Durch die EEA wurde die bestehende Zollunion im Wege der Harmonisierung einer großen Zahl nicht tarifärer Handelshemmnisse bis Ende 1992 zum *Einheitlichen Binnenmarkt* (Raum ohne Binnengrenzen) weiterentwickelt; außerdem wurde der Europäische Fonds für regionale Entwicklung (EFRE) durch die EEA im EWGV verankert und die Arbeitsweise der Strukturfonds reformiert. Im Zusammenhang mit der

EEA sind ferner die Umwelt-, Forschungs- und Technologiepolitik sowie das Ziel des wirtschafts- und sozialpolitischen Zusammenhalts (Kohäsion) in den EWGV einbezogen worden.

(2) Der am 1.11.1993 in Kraft getretene *Vertrag über die Europäische Union* (Maastrichter Vertrag) hat die (zugleich fortent-
wickelten) Bestimmungen des EWGV unter der Neu-
bezeichnung EG-Vertrag (EGV) übernommen. Im Zuge dieser
zweiten grundlegenden Novellierung des (ehemaligen) EWGV
wurden bestehende Gemeinschaftskompetenzen ausgeweitet
und auch mehrere neue Zuständigkeiten der Gemeinschaft geschaffen. Die seit Anbeginn bestehenden allgemeinen Zielsetzungen des EWGV wurden in Form eines umfangreichen
Katalogs expliziter Einzelziele in Art. 3 EGV präzisiert.

(3) Die 1999 in Kraft getretene *Reform des EU-Vertrages* (Amsterdamer Vertrag) brachte im Hinblick auf den EGV vor allem
eine beträchtliche Straffung der Entscheidungsverfahren.

EWGV

Abk. für *Vertrag über die Europäische Wirtschaftsgemeinschaft*; der
Gründungsvertrag der EWG wurde am 25.3.1957 in Rom unterzeichnet
(einer der sogenannten Römischen Verträge) und ist am 1.1.1958 zusammen mit dem EURATOM-Vertrag (EAGV) in Kraft getreten.

EWI

Abk. für *Europäisches Währungsinstitut.*

1. *Gegenstand:* Das EWI wurde mit Beginn der zweiten Stufe (1.1.1994)
der Europäischen Wirtschafts- und Währungsunion (EWWU, Europäische Währungsunion (EWU)) in Frankfurt a.M. errichtet. Mit der
Errichtung der Europäischen Zentralbank (EZB) am 1.6.1998 wurde

das EWI aufgelöst. Das EWI besaß eigene Rechtspersönlichkeit; seine Mitglieder waren die Zentralbanken der EU-Mitgliedsstaaten.

2. *Aufgaben und Befugnisse:* Das EWI besaß keine geldpolitischen Steuerungsfunktionen. Nach seiner Errichtung hatte das EWI die operationellen Aufgaben des EFWZ (Europäischer Fonds für Währungspolitische Zusammenarbeit), insbesondere im Zusammenhang der Finanzierung und der Organisation von Devisenmarktinterventionen, sowie die Funktionen des Ausschusses der Gouverneure der EU-Zentralbanken übernommen.

Hauptaufgaben: Überwachung des Funktionierens des EWS (Europäisches Währungssystem), Vorbereitung der Währungsunion und Einführung der Gemeinschaftswährung Euro.

EWR

Abk. für *Europäischer Wirtschaftsraum.*

1. *Gegenstand:* Freihandelszone zwischen der EU und der Europäischen Freihandelsassoziation (EFTA), jedoch ohne Teilnahme der Schweiz (damit nehmen nur Island, Liechtenstein und Norwegen teil). Das EWR-Abkommen sieht neben weitreichenden wechselseitigen Handelspräferenzen bei gewerblichen Produkten auch gewisse Anpassungen der EFTA-Staaten an das EU-Recht vor.

2. Am 2.5.1992 erfolgte die *Unterzeichnung* des „Abkommens über den Europäischen Wirtschaftsraum". Am 1.1.1994 ist das EWR-Abkommen in Kraft getreten (für Liechtenstein erst am 1.5.1995). Aus Sicht des EU-Rechts handelt es sich beim EWR-Vertrag um ein Assoziierungsabkommen nach Maßgabe von Art. Art. 217 AEUV.

3. *Ziele und spezifische Merkmale:* Zweck des EWR ist die Verwirklichung eines gemeinsamen Wirtschaftsraums, welcher grundsätzlich dem Einheitlichen Binnenmarkt ähneln soll, ohne dass die teilnehmenden EFTA-Staaten der EU beitreten müssen. Die beteiligten EFTA-Staaten haben sich verpflichtet, die vier Grundfreiheiten des Einheitlichen

Binnenmarkts (freier Waren-, Personen-, Dienstleistungs- und Kapitalverkehr) sowie die Wettbewerbsregeln des EWGV, bzw. EGV in ihr innerstaatliches Recht zu übernehmen. Durch das EWR-Abkommen wurden zahlreiche Bestimmungen des Gemeinschaftsrechts auf die beteiligten EFTA-Staaten ausgeweitet, um einen einheitlichen Wirtschaftsraum zu schaffen.

Ausgeklammert wurden die Zollunion sowie eine Vereinheitlichung der Währung (Euro). Im Zweifel haben für die EFTA-Staaten die EWR-Vorgaben Vorrang gegenüber den entsprechenden Bestimmungen der Stockholmer Konvention. Die Grenzkontrollen zwischen der EU und den am EWR beteiligten EFTA-Staaten bleiben jedoch bestehen. Denn in der Handelspolitik gegenüber dritten Ländern bleiben die Vertragspartner autonom. Dem Wesen einer Freihandelszone folgend, wurden alle Zölle zwischen den Mitgliedern des EWR aufgehoben. Eine Harmonisierung der Zölle gegenüber der restlichen Welt sowie der indirekten Steuern ist nicht beabsichtigt. Außerdem beinhaltet das EWR-Abkommen (im Unterschied zum Einheitlichen Binnenmarkt) keine gemeinsame Agrarpolitik. Ausgeklammert aus dem EWR-Vertrag bleiben weiterhin das Ziel einer gemeinsamen Wirtschafts- und Währungspolitik sowie der Bereich der Gemeinsamen Außen- und Sicherheitspolitik (GASP). Neben einer Vertiefung der Zusammenarbeit in der Umweltpolitik, in Ausbildungs- und Verbraucherschutzangelegenheiten sowie in Fragen der Sozial- und der Forschungspolitik leisten am EWR beteiligten die EFTA-Staaten außerdem Beiträge zur Finanzierung der Entwicklung wirtschaftlich rückständiger EU-Regionen (Kohäsionsfonds).

4. *Organe:* Die Durchführung des EWR-Vertrags sowie die Überwachung seiner Bestimmungen obliegt dem EWR-Rat (gemeinsames Entscheidungsgremium); dem gemeinsamen Ausschuss (Joint Committee; geschäftsführendes Organ); dem Parlamentarischen EWR-Ausschuss (setzt sich paritätisch aus Mitgliedern des Europäischen Parlaments sowie der Parlamente der teilnehmenden EFTA-Staaten zusammen) und dem EWR-Schiedsgericht.

5. *Heranführung an die EU:* Die Gesamtheit der im Abkommen enthaltenen Regelungen macht deutlich, dass der EWR auch der Vorbereitung der EFTA-Staaten auf einen etwaigen späteren Beitritt zur

EU dienen soll. Ein formelles Mitentscheidungsrecht der EFTA-Staaten hinsichtlich der Weiterentwicklung des EU-Rechts besteht weiterhin nicht. Nach Art. 128 EWR-Abkommen muss jedes Land, welches der EU beitreten möchte, gleichzeitig Mitglied des EWR werden.

EWS

Abk. für *Europäisches Währungssystem*. Nach zwei früheren, in den 1970er-Jahren fehlgeschlagenen Anläufen zur Schaffung einer Währungsunion am 13.3.1979 in Kraft getreten (sogenannter *Wechselkursmechanismus I*). Seit dem 1.1.1999 regelt der Wechselkursmechanismus II (EWS II) die währungspolitischen Beziehungen zwischen der *Europäischen Zentralbank* (EZB) und den EU-Mitgliedsstaaten, die vorerst noch nicht an der dritten Stufe der Europäischen Währungsunion (EWU) und der Gemeinschaftswährung Euro teilnehmen.

EWWU

Abk. für *Europäische Wirtschafts- und Währungsunion;* Kernziel der Europäischen Union (EU). Nach Art. 3 IV EUV errichtet die EU eine WWU, deren Währung der Euro ist. Laut ex-Art. 2 EGV hat die EWWU die Zielsetzung, innerhalb der EG ein beständiges, nicht-inflationäres und umweltverträgliches Wachstum, einen hohen Grad an Konvergenz der Wirtschaftsleistungen, ein hohes Beschäftigungsniveau, ein hohes Maß an sozialem Schutz, die Hebung der Lebenshaltung und der Lebensqualität, den wirtschaftlichen und sozialen Zusammenhalt sowie die Solidarität zwischen den Mitgliedsstaaten zu fördern. Zweck der EWWU ist es gemäß Art. 120 AEUV, den Einheitlichen Binnenmarkt in ein Wirtschaftsgebiet mittels einer einheitlicher Wirtschaftspolitik zu transformieren, sodass Mitgliedsstaaten ihre Wirtschaftspolitik als „eine Angelegenheit von gemeinsamem Interesse" ansehen und im Rahmen des Rats der Europäischen Union koordinieren. Dies geschieht nach Maßgabe von Art. 119 AEUV auf der Basis marktwirtschaftlicher Ordnungs-

prinzipien, wobei die jeweiligen Politiken vorrangig am Ziel der Preis-
niveaustabilität sowie an den Grundsätzen einer offenen Marktwirtschaft
mit freiem Wettbewerb, der Wahrung gesunder öffentlicher Finanzen
und des langfristigen außenwirtschaftlichen Gleichgewichts auszurichten sind.

Durchsetzung der Wirtschaftsunion: Die Wirtschaftspolitik der Mitgliedstaaten wird vom Rat überwacht und bewertet. Entspricht das Verhalten eines Mitgliedstaates nicht den genannten Grundsätzen, so kann
der Rat konkrete Empfehlungen an den jeweiligen Staat richten. Dies ist
besonders für die Fiskal- und die Lohnpolitik der Mitgliedsstaaten von
Bedeutung, weil diesbezügliche Zuständigkeiten im Gegensatz zur Geld-
politik [Europäische Währungsunion (EWU)] nicht auf die EG übertragen wurden. Im Hinblick auf ihre Fiskalpolitik sind die Mitgliedsstaaten verpflichtet, „übermäßige Defizite" zu vermeiden (Art. 126 I
AEUV). Im Hinblick auf die (nationalen) Haushaltspolitiken ist bestimmt worden, dass öffentliche Defizite weder vom Europäischen
System der Zentralbanken ESZB, bestehend aus der Europäischen
Zentralbank (EZB) und den nationalen Zentralbanken, noch durch be-
vorrechtigten Zugang zu Kreditinstituten finanziert werden dürfen
(Art. 123 und 124 AEUV). Hinzu kommt, dass weder die EU noch die
Mitgliedsstaaten für die Verbindlichkeiten der öffentlichen Haushalte
anderer Mitgliedsstaaten haften (Art. 125 AEUV).

F

Flüchtlingskrise

Die Flüchtlingskrise der Europäischen Union spitzte sich im Sommer 2015 dramatisch zu: eine humanitäre Katastrophe spielte sich auf dem Mittelmeer (sogenannte zentrale Route) und der sogenannten Balkanroute ab. Die deutsche Kanzlerin Angela Merkel öffnete entgegen den Regeln des Schengenraums und des Schengener Abkommens die Grenzen und hunderttausende Migranten aus v. a. Syrien, Albanien, Kosovo, Mazedonien, Iran, Irak, Afghanistan und Pakistan sowie Afrika (über das Mittelmeer) strömten in die EU, insbesondere nach Deutschland. Allein im Jahr 2015 wurden in Deutschland mehr als 475.000 Asylanträge gestellt und knapp 1,1 Mio. Asylsuchende erfasst. Mitauslöser und Symptom der Krise der Europäischen Union. Die Mitgliedstaaten der EU streiten in der Folge um die Verteilung der Flüchtlinge, die v. a. nach

© Springer Fachmedien Wiesbaden GmbH, ein Teil von Springer Nature 2023
Springer Fachmedien Wiesbaden GmbH (Hrsg.), *130 Keywords Europa*,
https://doi.org/10.1007/978-3-658-39296-3_6

Deutschland und Schweden streben. Die Flüchtlingskrise deckt die unterschiedlichen Auffassungen der EU-Mitgliedstaaten zur Asylpolitik auf. Die Asylgesetzgebung verschiedener Mitgliedstaaten wird in der Folge verschärft. Die Flüchtlingskrise wird durch das Schließen der Balkanroute ab März 2016 durch den Bau verschiedener Zäune (u. a. in Ungarn und Mazedonien) zunächst gestoppt. Ein Abkommen zur Flüchtlingsrücknahme mit der Türkei mildert das Problem, macht aber die EU auch von der Türkei abhängiger und erpressbar.

Freizügigkeit

I. *Grundgesetz und EU-Recht:* Recht, Aufenthalt und Wohnsitz frei zu bestimmen und jederzeit zu ändern.

II. *Freizügigkeit der Arbeitnehmer:* Das Recht der Arbeitnehmer aus EU-Mitgliedsstaaten, sich in jedem Mitgliedsstaat um Stellen zu bewerben und dort unter den für Inländer geltenden Bestimmungen als Arbeitnehmer tätig zu werden.

G

GAP

Abk. für *Gemeinsame Agrarpolitik (der Europäischen Union (EU)).*

1 Die GAP ist heute stark vereinfacht, modernisiert und kostengünstiger. Lebensmittelberge gibt es fast nicht mehr und die Exporthilfen sind stark gesunken. Insofern widerspricht sie den häufig noch bestehenden Klischees. Europa ist heute ein wichtiger Ausführer, aber auch der weltweit größte Einführer von Lebensmitteln, v. a. aus Entwicklungsländern. Die bisher von der EU getätigten Einfuhren aus den Entwicklungsländern und den am wenigsten entwickelten Ländern übertreffen die der USA, Japans, Kanadas, Australiens und Neuseelands zusammengenommen. Der europäische Agrarsektor wendet sichere, saubere und umweltverträgliche Methoden an und produziert Qualitätserzeugnisse. Auch steht der Sektor im Dienste seines ländlichen Raums und trägt dazu bei, diesen als Arbeitsplatz, Wohn- und Ferienort zu erhalten und für die Zukunft fit zu machen. Die Regeln über die GAP und ihre Organisation finden sich in den Art. 38 ff. AEUV.

© Springer Fachmedien Wiesbaden GmbH, ein Teil von Springer Nature 2023
Springer Fachmedien Wiesbaden GmbH (Hrsg.), *130 Keywords Europa*,
https://doi.org/10.1007/978-3-658-39296-3_7

Die GAP wird im Kern von drei Grundsätzen bestimmt: Der erste, nämlich die Verwirklichung des gemeinsamen Marktes für sämtliche Erzeugnisse in der EU, bedeutet, dass landwirtschaftliche Erzeugnisse frei zwischen den Mitgliedsstaaten gehandelt werden können und Zölle nur an den Außengrenzen der EU erhoben werden dürfen. Der zweite Grundsatz ist die Gemeinschaftspräferenz, die EU-Erzeugnissen gegenüber den aus Drittländern eingeführten Erzeugnissen einen Preisvorteil einräumt. Der dritte Grundsatz schließlich (die finanzielle Solidarität) bedeutet, dass die Mitgliedsstaaten gemeinsam für die Finanzierung der GAP verantwortlich sind. 1979 kam ein vierter Grundsatz, die Mitverantwortung, hinzu. Dieser Grundsatz besagt, dass die Landwirte in bestimmten Sektoren an den durch die Überproduktion entstehenden Kosten beteiligt werden. Ein wichtiges Instrument der GAP sind die *Gemeinsamen Marktorganisationen* (*GMO*), die es für die meisten Agrarprodukte der EU gibt. Es handelt sich dabei um Regeln, durch die Handelshemmnisse in der EU für diese Agrarprodukte abgebaut werden.

2. *Finanzierung:* Die Agrarausgaben wurden bis Ende 2006 vom *Europäischen Ausrichtungs- und Garantiefonds für die Landwirtschaft* (*EAGFL*) finanziert. An die Stelle des EAGFL sind der *Europäische Garantiefonds für die Landwirtschaft* (*EGFL*) und der *Europäischen Landwirtschaftsfonds für die Entwicklung des ländlichen Raums* (*ELER*) getreten. Im Laufe der Jahre ist der Anteil der Gemeinsamen Agrarpolitik am EU-Budget kontinuierlich gesunken. Im Jahr 1988 betrug er noch knapp 70 Prozent, im Jahre 2008 nur mehr ca. 45 Prozent des EU-Haushalts. Laut der Finanziellen Vorschau der Europäischen Union 2007–2013 wird eine weitere Reduzierung dieses Anteils bis 2013 angestrebt. Seit dem 30.4.2009 müssen die Angaben über Empfänger von GAP-Zahlungen öffentlich zugänglich sein.

3. *GAP-Reform:* Die Landwirtschaft trägt mittlerweile weniger als 2 Prozent zum BIP der EU bei. Die GAP steht in mancher Hinsicht noch im Widerspruch mit Welthandelsregeln und führte in der Vergangenheit zu beträchtlicher Überproduktion. Besonders seit 1999 wird die GAP deshalb einer grundlegenden Reform unterzogen, die v. a. das Ziel hat, diesen Politikbereich in Einklang zu bringen mit den Erfordernissen der EUErweiterung und der *Welthandelsorganisation*

(*WTO*). Die europäische Landwirtschaft soll multifunktional, nachhaltig und wettbewerbsfähig werden und die Regionen mit bes. Schwierigkeiten einschließen. Themen wie Verbraucher-, Tier- und Umweltschutz, ländliche Entwicklung sowie Pflege der Kulturlandschaft sind heute Bestandteil der GAP. Beim Kopenhagener Gipfel von Dezember 2002 wurden Obergrenzen für die Agrarkosten nach der Erweiterung festgelegt: 9,8 Mrd. Euro, davon ca. die Hälfte für die Entwicklung des ländlichen Raums. Außerdem sollen die Landwirte in den neuen Mitgliedsstaaten unmittelbar nach dem Beitritt zunächst nur ein Viertel der in den alten Mitgliedsstaaten gezahlten Direktbeihilfen erhalten. Eine allmähliche Angleichung des Unterstützungsniveaus soll bis 2013 erfolgen. Der für 2006 festgelegte Betrag für die GAP in der aus 27 Mitgliedsstaaten bestehenden EU bildet die Obergrenze der GAP-Ausgaben, deren weiterer Anstieg nur noch um ein Prozent als Inflationsausgleich erlaubt würde. Faktisch heißt dies, dass die GAP-Ausgaben eingefroren worden sind. Am 26.6.2003 wurde schließlich vom Rat der Europäischen Union (vormals Ministerrat) ein weiterer wichtiger Reformschritt beschlossen, der die Stützungsmechanismen der GAP vollkommen verändert. Die Hauptelemente sind: Fast vollständige Entkopplung von Produktion und Stützungszahlungen, Verknüpfung einzelbetrieblicher Zahlungen an Einhaltung von Standards in den Bereichen Umwelt, Lebensmittelsicherheit, Tier-/Pflanzengesundheit, Tierschutz und Arbeitssicherheit sowie die Verpflichtung zur „Cross Compliance" (Erhalt eines guten agronomischen Zustands der Betriebe), verstärkte Unterstützung der ländlichen Entwicklung, Kürzung der Direktzahlungen („Modulation") an Großbetriebe, Anpassung der Marktstützungspolitik in den einzelnen Produktbereichen. Die Reform ist in den Jahren 2004 und 2005 in Kraft getreten, in einigen Mitgliedsstaaten nach einer Übergangsfrist erst 2007.

4. *GAP-Gesundheitscheck:* Der Ministerrat einigte sich im November 2008 über den GAP-Gesundheitscheck, ein Bündel von Maßnahmen, die die GAP weiter modernisieren. Zu den Maßnahmen gehören die Abschaffung der Flächenstilllegung, die schrittweise Anhebung der Milchquoten bis zu ihrem endgültigen Wegfall im April 2015 und die Umwandlung der Marktintervention in ein reines Sicherheitsnetz.

Direktzahlungen werden gekürzt und die frei werdenden Mittel für die ländliche Entwicklung vorgesehen. Die Kürzungen belaufen sich derzeit auf 5 Prozent bei Beträgen von über 5000 Euro jährlich. Bis 2012 wurde dieser Satz auf 10 Prozent aufgestockt. Bei Zahlungen von über 300.000 Euro jährlich wird eine weitere Kürzung von 4 Prozent vorgenommen. Die EU kofinanziert die übertragenen Mittel zu 75 Prozent bzw. in Konvergenzregionen zu 90 Prozent. Die Mitgliedsstaaten können außerdem Milchbauern in schwierig zu bewirtschaftenden Regionen bei der Anpassung an die neue Marktlage helfen.

5. *Vereinfachung der GAP:* Die Vereinfachung der GAP, die seit 2005 erfolgt, hat bis Frühjahr 2009 beträchtliche Fortschritte gemacht: Ziel ist es, den sich aus der GAP ergebenden Verwaltungsaufwand um 25 Prozent bis 2012 zu reduzieren. So wurden bes. Vermarktungsnormen für 26 Obst- und Gemüsearten aufgehoben (u. a. für Gurken). Der Gesundheitscheck wird den landwirtschaftlichen Betrieben Einsparungen ermöglichen, etwa 146 Mio. Euro durch Abschaffung der Stilllegungsregelung. 300 überflüssige Rechtsakte wurden aufgehoben, und die einheitliche Gemeinsame Marktordnung ersetzt 22 einzelne gemeinsame Marktorganisationen. Die Anzahl der Artikel wird von ca. 920 auf 230 reduziert und ermöglicht die Aufhebung von 78 Rechtsakten des Rates. 400 Mio. Euro Einsparungen werden durch eine verbesserte Nutzung von Informationstechnologien erwartet. Im Bereich der Einfuhren sind nur noch 65 (vorher 500) Lizenzen erforderlich, im Exportbereich nur noch 43, wodurch insgesamt die Kosten um ca. ca. 7,4 Mio. Euro gesenkt wurden.

GASP

Abk. für *Gemeinsame Außen- und Sicherheitspolitik (der EU);* gemeinsam mit der Wirtschafts- und Währungsunion (WWU) und der Zusammenarbeit in den Bereichen Justiz und Inneres als besonderer Tätigkeitsschwerpunkt der EU errichtet.

1. *Hintergrund:* Die Bemühungen der Gemeinschaft, der wirtschaftlichen Integration auch eine politische Dimension zu geben, reichen

bis in die Gründerjahre zurück. Seit 1970 kam es zu einer wachsenden Abstimmung im Rahmen der sogenannten Europäischen Politischen Zusammenarbeit (EPZ), doch erst 1987 gelang es im Rahmen einer Reform der Gründungsverträge (in Art. 30 der Einheitlichen Europäischen Akte (EEA)), die EPZ zu verankern. Ein weiterer Schritt zu einer Vereinheitlichung der Außen- und Sicherheitspolitik wurde mit dem Vertrag über die EU von 1992 (Maastrichter Vertrag) sowie dem Amsterdamer Vertrag (1997) und dem Vertrag von Nizza (2001) sowie dem Vertrag von Lissabon (2008) getan.

2. Die *rechtliche Grundlage* der GASP findet sich in Art. 23–46 EUV. Die GASP stellt die zweite Säule der EU im Drei-Säulen-Modell dar. Mit dem Vertrag von Lissabon geht die GASP in der EU auf und findet ihren Platz im Gemeinsamen-Haus-Modell.

3. *Ziele* (Art. 21 Abs. 2 EUV) u. a.:

(1) Wahrung der gemeinsamen Werte, der grundlegenden Interessen und der Unabhängigkeit der Union;
(2) Stärkung ihrer Sicherheit und der ihrer Mitglieder in allen ihren Formen;
(3) die Wahrung des Weltfriedens und die Stärkung der internationalen Sicherheit entsprechend den Grundsätzen der UN und der Schlussakte von Helsinki;
(4) die Förderung der internationalen Zusammenarbeit;
(5) die Förderung von Demokratie und Rechtsstaatlichkeit sowie die Achtung der Menschenrechte.

4. *Instrumente:* Die GASP verfügt über folgende Handlungsformen:

(1) allgemeine Leitlinien,
(2) Beschlüsse zur Festlegung a) der von der Union durchzuführenden Aktionen, b) den von der Union einzunehmenden Standpunkten, c) der Einzelheiten der zur Durchführung in a) und b) genannten Beschlüsse,
(3) die systematische Zusammenarbeit (Art. 25 EUV).

5. *Zuständigkeiten*: Beschlüsse werden im Rahmen der GASP vom Europäischen Rat und vom Rat einstimmig gefasst, sofern nichts anderes festgelegt ist. Der Erlass von Gesetzgebungsakten ist ausgeschlossen. Auf der Basis der vom Europäischen Rat festgelegten allgemeinen Leitlinien und strategischen Vorgaben fasst der Rat die für die Durchführung der Politik erforderlichen Beschlüsse. Letztere sind für alle Mitgliedstaaten bindend und stellen das wirkungsvollste und operationellste Instrument der GASP dar. Standpunkte und Aktionen werden i. d. R. einstimmig beschlossen. Eine Abstimmung mit qualifizierter Mehrheit ist nur in den Fällen möglich, in denen der Europäische Rat zuvor einstimmig eine Gemeinsame Strategie beschlossen hat. Falls sich ein Mitgliedsstaat aus wichtigen Gründen nationaler Politik einen solchen Beschluss ablehnt, kann der Beschluss nicht mit qualifizierter Mehrheit gefasst werden, sondern wird zur einstimmigen Beschlussfassung an den Europäischen Rat zurückverwiesen. Bei der einstimmigen Beschlussfassung können sich Mitgliedstaaten enthalten, sodass ein Staat bspw. nicht an einer Aktion teilnehmen muss. Er darf sie allerdings auch nicht behindern („konstruktive Enthaltung"). Eine weitere Möglichkeit, die Beschlussfassung in der GASP zu beschleunigen (neben qualifizierter Mehrheit und konstruktiver Enthaltung) ist die Anwendung der Flexibilitätsklausel: Können die Ziele der Union und der Gemeinschaft nicht von allen Mitgliedstaaten erreicht werden, können diejenigen, die dazu in der Lage sind (mind. acht Mitgliedstaaten) untereinander eine verstärkte Zusammenarbeit aufnehmen. In der GASP ist dies z. B. für die Durchführung einer Aktion oder eines Standpunkts oder bei Initiativen im Rüstungsbereich möglich. Gemeinsame Aktionen können in allen Bereichen der GASP (bei Fragen mit militärischen oder verteidigungspolitischem Bezug jedoch nur einstimmig) beschlossen werden und führen in der Praxis zur Entsendung von Wahlbeobachtern, Minenräumung, Terrorismusbekämpfung, Entsendung ziviler Fachkräfte, Benennung von EU-Sonderbeauftragten oder auch zum Einsatz von Militär z. B. für humanitäre Missionen, Friedenssicherung oder -erzwingung.

6. *Entwicklungen der GASP*: Durch den Amsterdamer Vertrag wurde der GASP mit dem „Hohen Vertreter für die GASP" ein Gesicht verliehen.

Dieser Posten wurde vom Generalsekretär des Rates wahrgenommen. In dem vom Europäischen Konvent ausgearbeiteten Entwurf einer Verfassung für Europa (Verfassung für Europa) war der Vorschlag enthalten, den Posten eines europäischen Außenministers zu schaffen. Der Vertrag von Lissabon hat das Amt des „Hohen Vertreters für Außen- und Sicherheitspolitik" geschaffen (Art. 18 EUV). Er führt im Rat „Auswärtige Angelegenheiten" den Vorsitz und er vertritt die Union in den Bereichen der Gemeinsamen Außen- und Sicherheitspolitik (§ 27 EUV).

7. *ESVP:* Seit 1998 arbeitet die EU am Aufbau einer Europäischen Sicherheits- und Verteidigungspolitik (ESVP, vgl. Art 42-46 EUV)), die nach dem EUV im Rahmen der GASP schrittweise auch zu einer gemeinsamen Verteidigung führen könnte. In diesem Zusammenhang wird auch über die Entwicklung kollektiver Fähigkeitsziele für die Streitkräfteführung, Aufklärung und Transport sowie die effiziente Umstrukturierung der europäischen Rüstungsindustrie und eine enge Zusammenarbeit mit der NATO diskutiert. Mit dem Politischen Komitee, dem Politischen und Sicherheitspolitischen Komitee, der Strategieplanungs- und Frühwarneinheit sowie dem Militärausschuss und dem Militärstab im Ratssekretariat wurden neue sicherheits- und verteidigungspolitische EU-Gremien geschaffen. Der Ministerrat tritt nun auch in der Zusammensetzung der Verteidigungsminister zusammen.

Die nahezu vollständige Integration der WEU in die EU ist im Rahmen dieses EVSP-Prozesses erfolgt. Parallel sind auch das zivile Krisenmanagement (mithilfe von Polizei, Verwaltungsexperten und Fachkräften im Zivil- und Katastrophenschutz) und die Bedeutung von Konfliktprävention mit sämtlichen zur Verfügung stehenden Mitteln der EU in ihrer Bedeutung gestiegen. Im Jahre 2003 übernahm die EU erstmals die Verantwortung für zwei europäische Polizeimissionen in Bosnien-Herzegowina und in Mazedonien. Im gleichen Jahr fanden auch europäische/EU-Militäroperationen im Rahmen der ESVP in der Demokratischen Republik Kongo und in Mazedonien statt. Für den Zeitraum seit 2008 sind insbesondere die Operationen im Tschad (EUFOR) sowie die Anti-Piraten Operation ATALANTA vor der Küste Somalias zu nennen.

Gemeinsamer Markt

1. *Allgemein:* Wirtschaftsunion; regionale Freihandelszone (Zollunion, Freihandelszone).
2. *Gemeinsamer Markt im Rahmen der EU:* EU, EG, EWG, EEA, Einheitlicher Binnenmarkt.
3. *EU-Wirtschaftsrecht:* Der Gemeinsame Markt ist ein zu einem Drittland oder mehreren Drittländern durch gemeinsame Außenhandelsgrenze abgegrenzter Raum des Wirtschaftens, der auf staatsgrenzenüberschreitenden Grundfreiheiten in einem Schutzsystem gegen Wettbewerbsverfälschungen beruht und von sektoralen und flankierenden Unionspolitiken begleitet wird.

Gemeinschaft

Verkürzende Bezeichnung für Europäische Wirtschaftsgemeinschaft (EWG) bzw. Europäische Gemeinschaften (EG). Die EWG wurde zur EG, die EG ist in der EU aufgegangen.

Gericht der Europäischen Union

Europäisches Gericht (EuG) (vormals Europäisches *Gericht erster Instanz (EuG)*); zweite Instanz: Europäischer Gerichtshof (EuGH). Das EuG tritt mit Schaffung des Vertrags von Lissabon (EUV, AEUV) an die Stelle des EuG.

Grexit

Kunstwort aus „Greece" und „Exit", das für den Austritt Griechenlands aus der Gemeinschaftswährung Euro steht. Diese Möglichkeit wurde seit 2009, verstärkt seit 2014 aufgrund der Schuldenkrise und den damit zusammenhängenden starken wirtschaftlichen und sozialen Einschnitten in Griechenland diskutiert.

H

Harmonisiertes System zur Bezeichnung und Codierung von Waren (HS)

Abk. *HS, Harmonized Commodity Description and Coding System*; das Harmonisierte System (HS) ist eine aus ca. 9500 Codenummern bestehende Klassifikation oder *Nomenklatur* der Weltzollorganisation (WZO) zur Einteilung von Waren (Dienstleistungen nicht eingeschlossen) hauptsächlich für zolltarifliche Zwecke und zur Klassifizierung von Außenhandelsdaten. Die Nomenklatur des HS ist Basis des Gemeinsamen Zolltarifs der Europäischen Gemeinschaften (GZT) bzw. der Europäischen Union (EU), des Integrierten Zolltarifs der EU (TARIC) und des Elektronischen Zolltarifs (EZT) (Verfahrensteil des IT-Verfahren ATLAS) der Grundlage für die Erhebung der Einfuhrabgaben und Ausfuhrabgaben ist und die Aufgabe hat, alle Waren systematisch zu erfassen und die jeweilige Position für eine Abgabenerhebung festzulegen. Das HS wurde unter der Leitung der Weltzollorganisation als Zolltarifschema erarbeitet und Mitte 2017 sind 156 WZO-Mitglieder

© Springer Fachmedien Wiesbaden GmbH, ein Teil von Springer Nature 2023
Springer Fachmedien Wiesbaden GmbH (Hrsg.), *130 Keywords Europa*,
https://doi.org/10.1007/978-3-658-39296-3_8

Vertragsparteien; es wird weltweit in mehr als 200 Staaten, Ländern und Gebieten (Zollunionen, Freihandelszonen) angewendet und 98 % des weltweiten Handels werden mithilfe der HS-Nomenklatur klassifiziert. Das HS fungiert zunehmend als Definitions- und Beschreibungsklassifikation für verschiedene Wirtschaftsklassifikationen, z. B. Güterklassifikationen. Es ist weltweit seit 1988 in Kraft, Revisionen gab es mit dem HS 1996, HS 2002, HS 2007, HS 2012 und HS 2017. Seit dem 1.1.2017 gilt das HS 2017. Eine Revision erfolgt im Abstand von fünf Jahren. Der Revisionszyklus des HS 2022 hat begonnen. Nach dem HS-Übereinkommen kann die sechsstellige HS-Nomenklatur nach eigenen Notwendigkeiten weiter gefächert werden. So hat die EU, um zolltariflichen und statistischen Belangen gerecht zu werden, eine zusätzliche Untergliederung vorgenommen, was zur Kombinierten Nomenklatur (KN) (achtstellige Codierungen) geführt hat. Ebenfalls abgeleitet wurde der integrierte Zolltarif der EU, TARIC (zehnstellige Codierungen). Die Mitgliedsstaaten bauen auf diesem TARIC ihre Gebrauchs-Zolltarife auf, so auch den deutschen Elektronischen Zolltarif (EZT). In Deutschland wird eine weitere Unterteilung mit 11-stelligen Codierungen vorgenommen (außer in Deutschland wird diese nationale Unterteilung noch in Frankreich vorgenommen).

Hohe Behörde

Exekutivorgan der seit dem 23.7.2002 wegen Vertragsbeendigung (Art. 97 EGKSV) nicht mehr bestehenden Montanunion (EGKS); Art. 7 ff. EGKSV.

Zu den Aufgaben der Hohen Behörden gehörte es, über die Einhaltung der vertraglichen Bestimmungen durch die Mitgliedsstaaten zu wachen.

Initiative für Europa

Titel der Initiative für eine Reform der Europäischen Union (EU) vom französischen Präsidenten *Emmanuel Macron*, s. Macrons Beitrag zur Debatte über eine Reform der Europäischen Union.

Interimsabkommen

Zwischenabkommen, völkerrechtliches Vertragswerk, das nicht endgültig in Kraft getreten ist.
Beispiele: Europa-Abkommen, regionale Integration.

© Springer Fachmedien Wiesbaden GmbH, ein Teil von Springer Nature 2023
Springer Fachmedien Wiesbaden GmbH (Hrsg.), *130 Keywords Europa*,
https://doi.org/10.1007/978-3-658-39296-3_9

Italexit

Kunstwort aus „Italia" und „Exit", das für den Austritt Italiens aus der Gemeinschaftswährung Euro steht. Diese Möglichkeit wurde vor und nach dem Verfassungsreferendum im Herbst 2016 diskutiert.

J

Jaunde-Abkommen

Yaoundé-Abkommen; Assoziierungsabkommen nach Art. 198 AEUV. Das erste Jaunde-Abkommen (1964–1969) wurde nach Erlangung ihrer staatlichen Souveränität von 18 Staaten des frankophonen Afrikas (AASM) mit der EWG abgeschlossen. *Laufzeit des zweiten Jaunde-Abkommens:* 1970–1975. Beide Abkommen gewährten den AASM-Staaten neben einem weitgehend zollfreien Zutritt zum EWG-Markt außerdem Mittel für die finanzielle und technische Zusammenarbeit.

© Springer Fachmedien Wiesbaden GmbH, ein Teil von Springer Nature 2023
Springer Fachmedien Wiesbaden GmbH (Hrsg.), *130 Keywords Europa*,
https://doi.org/10.1007/978-3-658-39296-3_10

Juncker-Plan

Name des anlässlich des 60. Jahrestags der Unterzeichnung der Römischen Verträge zur Gründung der Europäischen Wirtschaftsgemeinschaft (EWG, EWGV) und Europäischen Atomgemeinschaft (EAG, EAGV) vom Präsidenten der Europäischen Kommission *Jean-Claude Juncker* vorgestellten 32-seitigen „Weißbuchs zur Zukunft Europas" – der EU der 27 Mitgliedstaaten (EU-27) nach dem Brexit (am 29.3.2019) im Jahr 2025.

Entwicklungsszenarien: Der Juncker-Plan stellt fünf Szenarien für eine künftige Entwicklung der EU vor – vom einfachen „Weiter so" über ein „Europa der zwei Geschwindigkeiten" bis hin zu einer „vertieften Union". Insgesamt werden die folgenden Szenarien vorgestellt: *Szenario 1: Weiter so wie bisher:* Die EU-27 konzentriert sich auf die Umsetzung ihrer positiven Reformagenda.

Beispiele im Jahr 2025:

a) Europäerinnen und Europäer können sich in selbst fahrenden, vernetzten Fahrzeugen fortbewegen, stoßen aber aufgrund ungelöster rechtlicher und technischer Hindernisse an den Grenzübergängen möglicherweise auf Probleme.

b) Europäerinnen und Europäer passieren Grenzen fast immer, ohne wegen Kontrollen anhalten zu müssen. Verschärfte Sicherheitskontrollen machen das sehr frühzeitige Erscheinen am Flughafen bzw. Bahnhof erforderlich.

Szenario 2: Schwerpunkt Binnenmarkt: Die EU-27 konzentriert sich wieder auf den Binnenmarkt, da die 27 Mitgliedstaaten in immer mehr Politikbereichen nicht in der Lage sind, eine gemeinsame Haltung zu finden.

Beispiele im Jahr 2025:

a) Regelmäßige Kontrollen an den Binnengrenzen behindern Handel und Tourismus. Einen Arbeitsplatz im Ausland zu finden wird ebenfalls schwieriger, und die Übertragung von Pensionsansprüchen in einen anderen Mitgliedstaat ist keine Selbstverständlichkeit. Wer im Ausland krank wird, muss mit hohen Behandlungskosten rechnen.

b) Die Europäer halten sich aufgrund des Mangels an EU-weiten Regeln und technischen Standards bei der Nutzung vernetzter Fahrzeuge eher zurück.

Szenario 3: Wer mehr will, tut mehr: Die EU-27 Union verfährt weiter wie bisher, gestattet jedoch interessierten Mitgliedstaaten, sich zusammenzutun, um in bestimmten Politikbereichen wie Verteidigung, innerer Sicherheit oder Sozialem gemeinsam voranzuschreiten. Es entstehen eine oder mehrere „Koalitionen der Willigen". Beispiele im Jahr 2025:

a) 13 Mitgliedstaaten richten ein Korps aus Polizeibeamten und Staatsanwälten ein, das bei grenzüberschreitender krimineller Aktivität ermittelt. Sicherheitsrelevante Informationen werden unmittelbar weitergegeben, da nationale Datenbanken vollständig miteinander verknüpft sind.

b) In 16 Mitgliedstaaten, die eine Harmonisierung der Haftungsregeln und technischen Standards vereinbart haben, werden vernetzte Fahrzeuge in großem Umfang genutzt.

Szenario 4: Weniger, aber effizienter: Die EU-27 konzentriert sich darauf, in ausgewählten Bereichen rascher mehr Ergebnisse zu erzielen, und überlässt andere Tätigkeitsbereiche den Mitgliedstaaten. Aufmerksamkeit und begrenzte Ressourcen werden auf ausgewählte Bereiche gerichtet. Beispiele im Jahr 2025:

a) Eine europäische Telekom-Behörde ist befugt, Funkfrequenzen für grenzüberschreitende Kommunikationsdienste freizugeben, wie sie beispielsweise für die ungehinderte Nutzung vernetzter Fahrzeuge erforderlich sind. Sie schützt außerdem die Rechte von Internet- und Mobiltelefonnutzern unabhängig von deren Aufenthaltsort in der EU.

b) Eine neue europäische Agentur zur Terrorismusbekämpfung trägt mit der systematischen Beobachtung und Identifizierung Verdächtiger zur Verhinderung und Prävention schwerer Anschläge bei.

Szenario 5: Viel mehr gemeinsames Handeln: Die Mitgliedstaaten der EU-27 beschließen im Rahmen einer sich vertiefenden EU, mehr Kompetenzen und Ressourcen zu teilen und Entscheidungen gemeinsam zu treffen. Auf EU-Ebene werden rascher Entscheidungen getroffen, die zügig umgesetzt werden.

Beispiele im Jahr 2025:

a) Europäische Bürgerinnen und Bürger, die sich über ein Vorhaben für ein EU-finanziertes Windkraftanlagenprojekt in ihrer Region beschweren wollen, haben Schwierigkeiten, die richtige Behörde zu erreichen, da sie an die zuständige europäische Stelle verwiesen werden.

b) Dank klarer EU-weiter Regeln können vernetzte Fahrzeuge ungehindert in ganz Europa unterwegs sein. Fahrerinnen und Fahrer können sich darauf verlassen, dass eine EU-Agentur die Regeln durchsetzt.

Bedeutung: Der Juncker-Plan ist eine Reaktion der Kommission auf den Brexit, das künftige Funktionieren der EU-27 (ohne das Vereinigte Königreich) und die zahlreichen kritischen Stimmen von Rechtspopulisten und Nationalisten in den Mitgliedstaaten angesichts der Krise der Europäischen Union.

K

Kerneuropa

Beschreibt die europapolitische Idee der engeren Zusammenarbeit einiger Mitgliedstaaten der Europäischen Union (EU) im Vergleich zu anderen Mitgliedstaaten, die weniger (schnell) integrationswillig und integrationsfähig sind. Wird mit der Krise der Europäischen Union, dem Juncker-Plan (Weißbuch zur Zukunft Europas), dem Brexit und der Europäischen Union der verschiedenen Geschwindigkeiten seit 2017 mit Hilfe der Verstärkten Zusammenarbeit neu belebt, damit die EU handlungsfähig bleibt.

© Springer Fachmedien Wiesbaden GmbH, ein Teil von Springer Nature 2023
Springer Fachmedien Wiesbaden GmbH (Hrsg.), *130 Keywords Europa*,
https://doi.org/10.1007/978-3-658-39296-3_11

Kohäsion

Wirtschaftlicher und sozialer Zusammenhalt (Art. 174 AEUV). Eine der Hauptaufgaben der EU besteht heute in der Förderung der Kohäsion zwischen den Mitgliedsstaaten. Bereits in der Präambel der zum 1.1.1958 errichteten EWG wurde bestimmt, dass mit der Gemeinschaftsgründung dazu beigetragen werden soll, die zwischen den einzelnen Teilräumen des Gemeinsamen Marktes (seit 1993 Binnenmarkt) bestehenden Divergenzen bezüglich ihrer wirtschaftlichen und sozialpolitischen Leistungskraft abzubauen und dadurch den Zusammenhalt der Gemeinschaft zu festigen. Mit der Einheitlichen Europäischen Akte (EEA) wurde dem Kohäsionsziel in Gestalt der Aufnahme eines eigenen Titels „Wirtschaftlicher und Sozialer Zusammenhalt" (Titel XVIII, Art. 174–178 AEUV) ein deutlich erhöhter Stellenwert zugewiesen. Um einen möglichst effektiven Einsatz der Mittel zu gewährleisten, wurde in Art. 174 AEUV der Grundsatz der vorrangigen Konzentration auf eine Verringerung des „Rückstands der am stärksten benachteiligten Gebiete" festgeschrieben. Zentrale Bedeutung erlangte die Kohäsionsförderung schließlich dadurch, dass mit dem Vertrag über die EU die „Stärkung des wirtschaftlichen und sozialen Zusammenhalts" in den Katalog der integrationspolitischen Hauptziele (Art. 4 II lit. c AEUV) aufgenommen wurde. Mit dem Vertrag von Lissabon ist eine dritte Dimension hinzugekommen, und zwar die des territorialen Zusammenhalts, d. h. einer ausgewogenen, nachhaltigen Raumentwicklung.

Im Förderzeitraum 2014–2020 stehen der Kohäsionspolitik 325,15 Mrd. Euro zur Verfügung (im Zeitraum 2007–2013 standen 354,82 Mrd. Euro).

Mithilfe der drei Strukturfonds werden die folgenden drei Ziele gefördert:

a) Konvergenz (EFRE, ESF, Kohäsionsfonds), insgesamt ca. 82 Prozent der Strukturmittel),
b) regionale Wettbewerbsfähigkeit und Beschäftigung (EFRE, ESF), insgesamt ca. 16 Prozent der Strukturmittel,
c) europäische territoriale Zusammenarbeit (EFRE), insgesamt ca. 2,5 Prozent der Strukturmittel.

Die Bedeutung des Kohäsionsziels kommt ferner darin zum Ausdruck, dass im Förderzeitraum 2014–2020 (wie zuvor 2007–2013) die Struktur- fonds weitgehend an die Prioritäten der Lissabon-Strategie für Wachstum und Beschäftigung gebunden sind: 60 Prozent aller Ausgaben unter dem Ziel „Konvergenz" und 75 Prozent unter dem Ziel „Regionale Wett- bewerbsfähigkeit und Beschäftigung" sollen diesen Prioritäten zu Gute kommen.

In Ergänzung der bereits bestehenden Strukturfonds sind 2002 der Europäische Solidaritätsfonds zur Unterstützung bei Naturkatastrophen und 2006 der Europäische Globalisierungsanpassungsfonds zur Unter- stützung von Arbeitnehmern, die aufgrund des Globalisierungsdrucks entlassen worden sind, eingerichtet worden.

IPA: Das Kohäsions-Instrument für Heranführungshilfe IPA (Instru- ment for Pre-Accession Assistance) hat seit Januar 2007 die bestehenden Programme und Instrumente für die Beitrittskandidaten PHARE, PHARE CBC (Cross-Border-Co-operation), ISPA (Instrument for Structural Policies for Pre-Accession, Strukturpolitisches Instrument zur Vorbereitung auf den Beitritt), SAPARD (Special Accession Programme for Agriculture and Rural Development, Beitrittsprogramm für Land- wirtschaft und ländliche Entwicklung), CARDS (Community Assistance for Reconstruction, Development and Stabilisation; Gemeinschafts- unterstützung für Wiederaufbau, Entwicklung und Stabilisierung) und das Finanzierungsinstrument für die Türkei ersetzt. IPA bereitet die Bei- trittskandidaten auf die Europäischen Fonds vor, die dieselben Bereiche abdecken.

Der Kohäsionspolitik kommt in der derzeitigen Wirtschaftskrise eine große Bedeutung zu, da sie einerseits eine wichtige Finanzquelle darstellt, mit deren Hilfe die Auswirkungen der Krise abgemildert werden können und Investitionen zur wirtschaftlichen Wiederbelebung und zum Schutz und zur Fortbildung der Arbeitnehmer getätigt werden können. Die Kommission hat zusätzlich beim EFRE und dem ESF eine erleichterte, flexiblere und vorgezogene Mittelverwendung in der Krise ermöglicht.

Kohäsionsfonds

1. *Gegenstand:* Art. 177 AEUV bestimmt, dass in Ergänzung zu den herkömmlichen Strukturfonds der Europäischen Union (EU) ein spezieller Kohäsionsfonds zu errichten ist, durch den zu Vorhaben in den Bereichen Umwelt und transeuropäische Netze finanziell beigetragen wird. Der Kohäsionsfonds wurde am 30.3.1993 provisorisch und am 25.5.1994 definitiv errichtet (Verordnung (EG) Nr. 1164/94; inzwischen ersetzt durch die Verordnung (EG) Nr. Nr. 1084/2006). Auch die am Europäischen Wirtschaftsraum (EWR) teilnehmenden EFTA-Staaten (EFTA) (ohne Schweiz) leisten Beiträge zur Finanzierung des Kohäsionsfonds.

2. Der *Kern der Zielsetzung* des Kohäsionsfonds besteht darin, dass eine Verbesserung infrastruktureller Gegebenheiten einer effektiveren Erschließung potenzieller Integrationsvorteile (Senkung von Transaktionskosten) zu dienen vermag. Speziell geht es darum, das wirtschaftliche Gefälle zwischen den EU-Mitgliedstaaten sowie die strukturellen Nachteile einzelner Mitgliedstaaten zu reduzieren. Umwelt- bzw. Verkehrsinfrastruktur-Vorhaben, die in den Genuss von Fondsmitteln kommen sollen, müssen zwischen der Europäischen Kommission und dem betreffenden Mitgliedsstaat vereinbart sein.

3. *Mittelausstattung:* Für den Siebenjahreszeitraum 2014–2020 beträgt die Mittelausstattung 63,4 Mrd. Euro (zuvor von 2007–2013 70 Mrd. Euro).

4. *Förderfähige Länder:* Der Kohäsionsfonds hilft den Mitgliedstaaten, deren BIP pro Einwohner unter 90 Prozent des EU-Durchschnitts liegt. Zwischen 2014–2020 werden folgende Mitgliedstaaten gefördert: Bulgarien, Estland, Griechenland, Kroatien, Lettland, Litauen, Malta, Polen, Portugal, Rumänien, Slowakei, Slowenien, Tschechische Republik, Ungarn und Zypern.

Konvergenzkriterien

Im Protokoll Nr. 21 zum *Vertrag über die EU (EUV)* wurden als Voraussetzung für die Teilnahme an der Dritten Stufe (Endstufe) der *Euro-*

päischen Währungsunion (EWU) folgende rechtsverbindlichen makro-
ökonomischen Konvergenzkriterien festgelegt:

(1) Die jährliche Neuverschuldung der öffentlichen Haushalte eines zur
    Teilnahme qualifizierten Mitgliedslands darf maximal 3 Prozent und
(2) die *öffentliche Gesamtverschuldung* maximal 60 Prozent seines
    Brutto-Inlandsprodukts betragen;
(3) die nationale, mithilfe eines speziell zu diesem Zweck geschaffenen
    Verbraucherpreisindex (Harmonisierter Verbraucherpreisindex
    (HVPI)) ermittelte *Inflationsrate* darf diejenige der drei preis-
    stabilsten EU-Mitgliedsstaaten um nicht mehr als 1,5 Prozent-
    punkte überschreiten;
(4) die jeweilige *Währung* muss in den zwei Jahren, die der Prüfung
    vorangehen, die im EWS vorgesehenen normalen Bandbreiten
    ohne starke Spannungen eingehalten haben; insbesondere darf der
    betroffene Staat den bilateralen Leitkurs seiner Währung innerhalb
    des gleichen Zeitraums nicht gegenüber der Währung eines Mit-
    gliedsstaats von sich aus abgewertet haben;
(5) das Niveau der *langfristigen Zinsen* der betreffenden nationalen
    Währung muss mind. ein Jahr vor der Prüfung nicht mehr als zwei
    Prozentpunkte über dem entsprechenden Niveau der drei preis-
    stabilsten EU-Mitgliedsstaaten gelegen haben.

Politische Bedeutung: Die Konvergenzkriterien werden nicht von allen
teilnehmenden Euro-Ländern regelmäßig eingehalten. Dieses Auf-
weichen der Kriterien wird von Beobachtern kritisiert.

Krise der Europäischen Union

Mehrere Ursachen führen zur Krise der Europäischen Union (EU). In
der wissenschaftlichen Diskussion wird auch von der *Poly-Krise der EU*
gesprochen. Die Krisen umfassen folgende Themen: Euro-Krise, Flüchtlingskrise, EU-kritische Parteien und Populisten, Brexit, Corona-Krise

auf Grund der COVID-19-Pandemie (schweres Atemwegssyndrom/ Lungenkrankheit COVID-19, Virus-Erkrankung ausgelöst durch das SARS-CoV-2- Virus), inhaltliche Spaltung der EU, Separatismus in der EU und Abspaltungen von Nationalstaaten als eigenständige Nationen und mögliche weitere Austritte von Mitgliedstaaten bis hin zur Auflösung der EU.

1. *Bedeutung*: Die multiplen Krisen der Europäischen Union haben sich zu einer Situation verdichtet, in der der *Status Quo* der europäischen Integration und sogar der Fortbestand der EU zunehmend hinterfragt werden. Mit der gemeinsamen Währung Euro im Euroraum und den offenen Grenzen im Schengenraum sind zwei Kernprojekte gefährdet, die wie keine anderen für das Zusammenwachsen der EU stehen.

Die Krise der Eurozone hatte sich im Jahr 2015 so weit zugespitzt, dass erstmalig der Austritt eines Mitgliedstaats aus der Eurozone drohte (Grexit) – und gerade noch abgewendet werden konnte. Dies ändert nichts an der Tatsache, dass der gemeinsame Währungsraum ein halbfertiges Integrationsprojekt ist, über dessen grundlegende Weiterentwicklung die Euro-Staaten tief gespalten sind. Der massive Zustrom von Flüchtlingen in die EU im Jahr 2015 hat die Defizite des Schengenraums und der gemeinsamen Asylpolitik offengelegt. Im Juni 2016 stimmte das britische Volk mehrheitlich für den Austritt aus der EU (Brexit). Rechtspopulisten und Nationalisten fordern den Austritt ihrer Nationalstaaten aus der EU in Deutschland (Dexit), Belgien (Belexit), Bulgarien (Bulexit), Dänemark (Danexit), Estland (Estexit), Finnland (Fixit), Frankreich (Frexit), Irland (Irexit), Kroatien (Croexit), Malta (Mexit), den Niederlanden (Nexit), Polen (Polexit), Portugal (Pexit), Rumänien (Romexit), Schweden (Swexit), Slowakei (Slovexit), Slowenien (Slovenexit), Spanien (Spexit), Tschechien (Czexit) und Österreich (Öxit).

Hinsichtlich der Schuldenkrise und Währungskrise steht wiederholt das Ausscheiden der betroffenen Euro-Länder Griechenland (Grexit) sowie in der Folge Zypern (Cyexit) und Italien (Italexit) zur Debatte. Die Debatten über den Separatismus in der EU flammte mit der Katalonien-Krise im Herbst 2017 dramatisch auf. Die Zentral-Regierung in Madrid wendete von 28.10.2017 bis 1.6.2018 den Artikel

155 der spanischen Verfassung an, nachdem das katalanische Parlament mit 70 zu 10 Stimmen für die Unabhängigkeit Kataloniens gestimmt hatte. Die Situation in Katalonien ist seit Juni 2018 wieder
leicht entschärft, da diese Zentralverwaltung durch die spanische Regierung in Madrid aufgehoben worden ist. Im Januar 2020 bricht die
Corona-Krise auf Grund der weltweiten COVID-19-Pandemie über
Europa herein, die zum gesellschaftlichen Lockdown, zum Still-
stand der Wirtschaft und des gesellschaftlichen Lebens führt – Grenzschließungen innerhalb des Schengenraums sind die Folge. Italien be-
klagt knapp 35.000 Tote, Frankreich knapp 30.000 Tote, Spanien
mehr als 28.000 Tote und das nach dem Brexit am 31.1.2020 aus-
getretene UK mehr als 44.000 Tote (Stand 4.7.2020). Zunächst ist die
Reaktion Abschottung der Mitgliedstaaten, um die Ausbreitung zu
verringern. Danach reagiert die EU geschlossen und solidarisch. Eine
gemeinschaftliche Finanzierung der Corona-Folgen über sogenannte
Corona-Bonds wird von südlichen Mitgliedstaaten (Italien, Spanien,
Frankreich) gefordert, aber von nördlichen Mitgliedstaaten abgelehnt
(Niederlande, Deutschland). Im April 2020 einigen sich die Mitgliedstaaten auf Corona-Hilfen (sogenannter *Corona-Rettungsschirm*). Jede
der genannten Krisen wäre für sich bereits eine große Herausforderung
für die EU, durch ihre Parallelität und ihre Wechselbeziehungen stellen sie aber eine neue Qualität der Herausforderung dar.

2. *Reaktion der EU/Mitgliedstaaten*: Nach dem Brexit-Votum und dem
   Beginn der Brexit-Austrittsverhandlungen ab April 2017 versuchen
   die verbleibenden Mitgliedstaaten der EU-27 (nach dem Vollzug des
   Brexit am 31.1.2020) eine gemeinsame Zukunft der EU mit dem Juncker-Plan (Weißbuch zur Zukunft Europas) zu gestalten. Die Verstärkte Zusammenarbeit wird erfolgreich für Prestigeprojekte im
   Herbst 2017 eingesetzt. Die Zivilgesellschaften erobern das Thema
   EU wieder für sich und in den ersten Wahlen nach dem Brexit-Votum
   in westeuropäischen Mitgliedstaaten verlieren Rechtspopulisten und
   Nationalisten zunächst in Österreich (Präsidentschaftswahl), Frankreich (Präsidentschaftswahl) und den Niederlanden (Parlamentswahl),
   obwohl die Niederlagen vergleichsweise knapp waren und nicht endgültig sind. Im Herbst 2017 erreichen die EU-kritischen Parteien in
   Österreich als drittstärkste Kraft eine Anerkennung, die sie in eine

Regierungskoalition eintreten lässt. In Deutschland zieht eine EU-kritische Partei als drittstärkste Kraft erstmals in den Bundestag ein. In verschiedenen EU-Mitgliedstaaten stellen EU-kritische Parteien die Regierung, so auch im EU-Gründungsmitglied Italien, in welchem seit Frühjahr 2018 die Populisten (Rechtspopulisten und Linkspopulisten) gemeinsam eine Regierung stellen, was wiederum zu einer erneuten Euro-Krise in Italien beiträgt. In der COVID-19-Pandemie führen zunächst die Besinnung der Mitgliedstaaten auf ihre Eigenständigkeit und die Grenzschließungen im Schengenraum zur Krise, die durch die EU moderiert wird und zur Öffnung der Binnengrenzen ab Mitte Juni 2020 führt. Später führt die Debatte um Corona-Bonds zu Zerwürfnissen, welchen die EU mit dem Vorschlag für großzügige EU-Corona-Hilfen begegnet.

L

Leitkurs

Meist vertraglich im Rahmen eines Währungssystems vereinbarter fixer Orientierungskurs, von dem die Devisenkassakurse (Marktkurse) nach oben und unten innerhalb einer bestimmten Bandbreite abweichen dürfen.

Lockdown light

Auch *Mini-Lockdown*, *Teil-Lockdown* (*Wellenbrecher* oder *Wellenbrecher-Shutdown*) oder engl. *Circuit-Breaker* genannt, wurde im Herbst 2020 in Deutschland umgesetzt, um in der COVID-19-Pandemie die Ausbreitung des SARS-CoV-2-Virus zu verlangsamen. Ein vollständiges Herunterfahren des öffentlichen Lebens und der Wirtschaft wie im Frühjahr 2020 (sogenannter Lockdown) sollte in Deutschland vermieden werden, regionale Lockdowns wurden allerdings durchgeführt und für angemessen gehalten. Diese wurden neben dem Lockdown light umgesetzt, z. B. in den Landkreisen Berchdesgadener Land, Rottal-Inn, Passau (Bayern), Hildburghausen (Thüringen) und Flensburg (Schleswig-Holstein).

© Springer Fachmedien Wiesbaden GmbH, ein Teil von Springer Nature 2023
Springer Fachmedien Wiesbaden GmbH (Hrsg.), *130 Keywords Europa*,
https://doi.org/10.1007/978-3-658-39296-3_12

Lomé-Abkommen

1. *Begriff/Charakterisierung:* Formale Basis der besonderen Wirtschaftsbeziehungen zwischen der EU und den sogenannten AKP-Staaten.
2. *Rechtsgrundlagen:* Seit ihrer Gründung (1958) ist die EU (zuvor EWG
bzw. EG) verpflichtet, solche außereuropäischen Länder zu assoziieren
und wirtschaftlich zu fördern, die zu einem der EU-Staaten langan-
dauernde besondere Beziehungen unterhalten (Art. 198–203 AEUV).
Dieser Vorschrift liegen in erster Linie politische Absichten zugrunde;
die genannte Verpflichtung kann im Übrigen als eine spezielle Form
von Kompensation für die von der Gemeinschaftsgründung zulasten
von Nicht-Mitgliedsländern ausgehenden integrationsbedingten
Diskriminierungswirkungen (Handelsverzerrung) angesehen werden.
Weitere Rechtsgrundlage: Art. 207 AEUV, d. h. die Verpflichtung der
Mitgliedsstaaten der EU zu einer gemeinsamen Handelspolitik.
3. *Entwicklung:*

a) Den Art. 198 ff. AEUV wurde nach Inkrafttreten der Römischen
Verträge zunächst durch die unverzügliche Errichtung des ersten
EEF *(Europäischer Entwicklungsfonds).* Dieser Fonds finanziert vor
allem die Entwicklungshilfezusammenarbeit der EU mit den
AKP-Staaten sowie mit den überseeischen Ländern und Gebieten
(ÜLG). Während die Hilfe für die ÜLG ab 2008 in den Haushalts-
plan der EU einbezogen worden ist, werden die Mittel für die
AKP-Staaten von 2008 bis 2013 weiterhin aus den EEF finanziert.
Die Instrumente des EEF sind nichtrückzahlbare Hilfe, Risiko-
kapital und Darlehen an die Privaten.
b) Nachdem diese Staaten die Unabhängigkeit erlangten, kam es zur
Vereinbarung des Ersten *Jaunde-Abkommens* (1964–1969) zwischen den sechs EWG-Staaten und 18 AASM-Staaten (AASM).
Das Erste Jaunde-Abkommen nahm bereits einige Elemente der
späteren Lomé-Merkmale vorweg: Handelspräferenzen, finanzielle
und technische Hilfe, gemeinsame Institutionen auf Ministerebene.
Nach Auslauf des Ersten *Jaunde-Abkommens* trat bis zum 31.1.1975
das Zweite Jaunde-Abkommen in Kraft. Parallel dazu (1971–1975):

Arusha-Abkommen zugunsten der Commonwealthländer Kenia, Tansania und Uganda.

c) Durch den EG-Beitritt Großbritanniens (1.1.1973) vergrößerte sich die Zahl potenzieller Anwärter für eine Assoziierung gemäß Art. 131 ff. EWGV (Art. 206 ff. AEUV) ganz beträchtlich. 1975 kam es zum Abschluss des in Lomé (Hauptstadt von Togo) unterzeichneten Ersten Lomé-Abkommens (1975–1980) zwischen neun EG-Ländern und 46 AKP-Staaten. Der durch die Lomé-I-Konvention begründete besondere Charakter der Wirtschaftsbeziehungen zwischen der EG und den AKP-Staaten ist im Laufe der Zeit fortgeführt und kontinuierlich ausgebaut worden: Lomé-II (1980–1985; zehn EG- und 57 AKP-Staaten); Lomé-III (1985–1990; 12 EG- und 66 AKP-Staaten); Lomé-IV (1990–2000; 12 bzw. 15 EU- und 71 AKP-Staaten); *Cotonou-Abkommen* (2000–2007; in 2003: 15 EU- und 79 AKP-Staaten).

4. *Hauptmerkmale:*

a) Der schon im Zuge von Lomé-II und Lomé-III eingeschlagene Weg, vermehrt marktwirtschaftliche Anreize für eine stärkere *Entfaltung der Eigeninitiative* zu etablieren sowie die Effizienz der Gemeinschaftshilfen zu verbessern, wurde mit Lomé-IV durch die Etablierung einer Strukturanpassungsfazilität fortgesetzt. Um einen höheren Selbstversorgungsgrad der AKP-Staaten bei Nahrungsmitteln zu erreichen, wird seit Lomé-II besonderes Gewicht auf Maßnahmen zur Erhaltung der natürlichen Lebensgrundlagen sowie zum Ausbau der Landwirtschaft gelegt. Außerdem wird seit Lomé-III die Notwendigkeit betont, dass die lokalen sozialen und kulturellen Gegebenheiten in die entwicklungspolitischen Überlegungen einbezogen werden müssen.

b) *AKP-EU-Handelsbeziehungen:* Seit Anfang an wird das Ziel verfolgt, sowohl den AKP-EU-Handel als auch den Handel zwischen den AKP-Ländern auszuweiten. Fast alle (ca. 99 Prozent) Erzeugnisse mit Ursprung aus den AKP-Staaten haben einen von Zöllen und Kontingenten freien Zutritt zum EU-Raum. Ausgenommen von dieser Vergünstigung sind lediglich solche Erzeugnisse, für die im Rahmen internationaler Warenabkommen spezielle Regelungen bestehen; das Gleiche gilt auch für landwirtschaftliche Produkte, die Gegenstand einer EU-Agrarmarktordnung sind, wobei allerdings die AKP-Staaten eine Präferenzstellung gegenüber sonstigen Drittländern genießen.

Eine *Besonderheit* der handelspolitischen Beziehungen zwischen den beiden Blöcken besteht darin, dass die EU seit Lomé-I auf die *reziproke Gewährung der Handelsvergünstigungen* für ihre eigenen Exporte nach den AKP-Ländern verzichtet. Im Übrigen weist das Abkommen eine bisher nie angewendete *Schutzklausel* auf, nach welcher EU-Importe aus den AKP-Ländern nach beiderseitiger Konsultation partiell und vorübergehend eingeschränkt werden können, falls diese Lieferungen gravierende Störungen einer Branche oder Region innerhalb der EU auslösen sollten.

c) *Verstetigung der Deviseneinlöse der AKP-Staaten:* Bereits mit Lomé-I erfolgte die Etablierung des sog. *STABEX-Systems* zur Verstetigung der Deviseneinnahmen, welche die AKP-Staaten aus ihrem Export von tropischen und subtropischen Agrargütern in die EU erzielen. Im Rahmen von Lomé-II kam es zur Einrichtung eines an relativ restriktive Bedingungen gebundenen Sonderfonds für die Förderung der Modernisierung und Ausweitung des Bergbaupotenzials der AKP-Staaten *(SYSMIN)*. Sowohl STABEX als auch SYSMIN wurden nach und nach abgebaut und zum 1.1.2008 durch andere Formen der Zusammenarbeit (neue Abkommen) im Rohstoffsektor abgelöst.

d) *Industrielle Kooperation:* Bereits im Zuge der Umsetzung des Lomé-I-Abkommens wurde Mitte der 1970er-Jahre ein *AKP-EG-Zentrum für industrielle Entwicklung* gewerblicher bzw. industrieller Vorhaben (Sitz: Brüssel) geschaffen.

e) Im Zuge der Durchführung des Lomé-II-Abkommens wurde ein beiderseits verwaltetes *Technisches Zentrum für die Zusammenarbeit in der Landwirtschaft und im ländlichen Bereich* errichtet. Außerdem erfolgte seit Lomé-II eine Abkehr von der vorrangigen Förderung von Großprojekten.

f) *Strukturanpassungshilfen:* Weil während der 1980er-Jahre die Auslandsverschuldung vieler AKP-Staaten beträchtlich zugenommen hat, wurde die Gewährung von Strukturanpassungshilfen in das Vierte Lomé-Abkommen aufgenommen. Seit dem Siebten EEF (1990–1995) werden für diesen Zweck in Form einer Sonderfazilität Mittel ausgewiesen. Deren Einsatz erfolgt in Kooperation mit den Strukturanpassungsprogrammen von IWF und Weltbank. Die gewährten Finanzhilfen dienen zur wirtschaftlichen und sozialen Abfederung von Wirtschaftsreformen.

g) *Finanzielle Zusammenarbeit:* Für die Gewährung von Finanzhilfen gilt der Grundsatz der vorrangigen Förderung derjenigen AKP-Staaten, deren wirtschaftliches Entwicklungsniveau bes. niedrig ist, die entweder sog. Binnenstaaten oder sog. Inselstaaten sind. Seit dem Dritten Lomé-Abkommen wird verstärkt darauf abgestellt, die Finanzmittel so einzusetzen, dass die Eigeninitiative der einheimischen Bevölkerung angeregt wird.

Das vonseiten der EU für die einzelnen Aufgabenbereiche des Abkommens zur Verfügung gestellte *Mittelvolumen* ist in einem Finanzprotokoll, das Bestandteil des Vertragswerks ist, festgelegt und besteht aus dem jeweiligen EEF und Leistungen der Europäischen Investitionsbank (EIB). Schon seit dem Ersten Lomé-Abkommen hat der überwiegende Teil der vom EEF gewährten Mittel den Charakter von *Zuschüssen* getragen. Dieser Anteil ist von Abkommen zu Abkommen erhöht worden. Von den für die Laufzeit der Vierten Lomé-Konvention bereitgestellten Mitteln entfallen rund 90 Prozent auf nicht rückzahlbare *Finanzhilfen.*

5. *Gemeinsame Organe:* Die schon im Zuge des Ersten Jaunde-Abkommens errichteten gemeinsamen Institutionen zur Förderung der Vertragsziele und des wechselseitigen Meinungsaustauschs sind durch die vier Lomé-Konventionen sowie das nachfolgende Cotonou-Abkommen fortgeführt und kontinuierlich ausgebaut worden. Insgesamt sind im Abkommen drei paritätisch besetzte Kontroll- und Entscheidungsorgane verankert: der gemeinsame AKP-EG-Ministerrat (richtungweisende Funktion), der Ausschuss der ständigen Vertreter und die sog. paritätische Versammlung (Initiativrecht). Die Beschlussfassung über die Bereitstellung von Finanzmitteln unterliegt allerdings de facto dem üblichen EU-internen Entscheidungsverfahren

(d. h. dem Rat der Europäischen Union unter Mitwirkung des Europäischen Parlaments).

6. *Bedeutung:* Die AKP-EU-Kooperation bildet den Schwerpunkt der Entwicklungspolitik der EU.

7. *Perspektiven:* Im Abkommen von Cotonou, das im Jahre 2000 abgeschlossen worden ist, wird die Kooperation zwischen der EU und den AKPStaaten auf die folgenden fünf Elemente gestützt: (1) politischer Dialog (Forderung nach sog. good governance), (2) Armutsbekämpfung durch Integration in den Welthandel, (3) Reform der wirtschaftlichen Kooperation, (4) Einbeziehung nicht staatlicher Akteure (NGO), (5) Reform der finanziellen Zusammenarbeit. Die einseitigen Handelspräferenzen zugunsten der AKP-Staaten sind teilweise bereits abgebaut worden bzw. sollen in absehbarer Zeit eliminiert werden.

M

Maastrichter Vertrag

Vertrag über die EU (EUV); Vertrag zur Änderung der EWG (EWGV) in die EG (EGV); von den Staats- und Regierungschefs der EWG-Mitgliedsstaaten am 9. und 10.12.1991 in Maastricht vereinbarter und am 7.2.1992 unterzeichneter Vertrag über die EU (in Kraft seit 1.11.1993) mit dem Ziel, die EWG mit erweiterten und verbesserten Aktions-möglichkeiten auszustatten – die EWG wurde gleichzeitig umbenannt in Europäische Gemeinschaft (EG). Der EUV war seinerzeit (bis 1.12.2009) als Mantelvertrag angelegt, der die einzelnen Elemente der Union (z. B. die zunächst drei Europäischen Gemeinschaften, der GASP und der justiziellen und polizeilichen Zusammenarbeit in der dritten Säule) über gemeinsame Bestimmungen zusammenführte. Strukturell stellte der EUV die Union auf drei Säulen: Die (seit 1958 schrittweise ausgebaute) „ökonomische" Säule der zunächst drei Gemeinschaften (EGKS auf-gehoben, EWG, EAG) sowie die beiden neuen „außenpolitischen" und

© Springer Fachmedien Wiesbaden GmbH, ein Teil von Springer Nature 2023
Springer Fachmedien Wiesbaden GmbH (Hrsg.), *130 Keywords Europa*,
https://doi.org/10.1007/978-3-658-39296-3_13

„strafrechtlichen" Säulen der *Gemeinsamen Außen- und Sicherheitspolitik* (GASP) und der Zusammenarbeit in den Bereichen Justiz und Inneres, heute *polizeiliche und justizielle Zusammenarbeit in Strafsachen* genannt. Eine weitere EG-/EU-Reform erfolgte mit dem Vertrag von Nizza 2002. Mit dem Vertrag von Lissabon wurde das Drei-Säulen-Modell am 1.12.2009 abgeschafft. An seine Stelle tritt das Gemeinsame-Haus-Modell.

Maritime Analysis and Operations Center

Dt. *Maritimes Analyse- und Operationszentrum*, Initiative von sieben Mitgliedstaaten der Europäischen Union zur Analyse und Bekämpfung des Drogenschmuggels auf dem Seewege und Luftwege mit Sitz in Lissabon.

1. *Gründung und Finanzierung*: Das MAOC wurde 2007 von sieben EU-Mitgliedstaaten gegründet (Frankreich, Irland, Italien, Niederlande, Portugal, Spanien und UK) und es wird von der Europäischen Union kofinanziert (Internal Security Fund).
2. *Zusammenarbeit und Probleme*: Die Bekämpfung des internationalen Drogenhandels kann nur durch internationale Kooperation gelingen. Die EU muss insbesondere mit Staaten und Diensten aus Nordamerika, Mittel- und Südamerika sowie Afrika zusammenarbeiten. Neben den sieben Gründungsmitgliedern müssen mehr nordeuropäische EU-Mitgliedstaaten kooperieren: Belgien, Dänemark, Deutschland, Finnland, Schweden.

Die südlichen EU-Mitgliedstaaten sollten ebenfalls eingebunden werden und mitwirken: Malta, Griechenland, Kroatien, Zypern. Mit dem Brexit ist das Gründungsmitglied UK förmlich aus der EU ausgetreten. Die künftige Sicherheitskooperation wird im EU-UK-Nachfolgeabkommen ausgehandelt.

MERCOSUR

Abk. für *Mercado Común del Cono Sur;* gemeinsamer Markt im südlichen Lateinamerika.

1. *Errichtung und Ziele:* Grundlage ist das am 26.3.1991 von Argentinien, Brasilien, Paraguay und Uruguay unterzeichnete Asunción-Abkommen (29.11.1991). Venezuela unterzeichnete 4.7.2006 den MERCOSUR-Vertrag und ist seit 31.7.2012 fünftes Vollmitglied des MERCOSUR (die Mitgliedschaft ist allerdings seit Ende 2016 suspendiert). Durch dieses Vertragswerk, das für den Beitritt weiterer Länder aus der Region offen steht (assoziiert sind Bolivien, Chile, Ecuador, Kolumbien und Peru, über eine Assoziierung mit Mexiko wird seit 2004 verhandelt), verpflichten sich die Mitgliedsstaaten zur schrittweisen Schaffung eines Gemeinsamen Marktes, zum Ausbau der wirtschaftspolitischen Koordination, zur Angleichung von Rechtsvorschriften mit Auswirkung auf den innergemeinschaftlichen Handel sowie zum Schutz der Umwelt. Das Abkommen fügt sich in den Rahmen von ALADI ein und vertieft die dort vereinbarten Abmachungen (die lediglich auf die Integration einzelner Sektoren abzielen). Kernelement des MERCOSUR ist eine weit reichende Handelsliberalisierung; es existieren einige Schutzklauseln sowie spezifische Ausnahmebereiche, die einer verzögerten Liberalisierung unterworfen sind. Die Mitgliedsländer haben bis Ende 1994 (Paraguay bis Ende 1995; Venezuela seit Juli 2012) untereinander alle Zölle und nicht tarifären Handelshemmnisse nach einem vertraglichen Stufenplan abgebaut. Gleichzeitig wurde die Handelspolitik gegenüber Drittländern weitgehend angeglichen und die interne Freizügigkeit von Personen und Kapital hergestellt, sowie ein einheitlicher Außenzolltarif wurde aufgebaut. Damit entspricht das MERCOSUR-Konzept dem einer Zollunion. Obwohl die Ziele ehrgeizig waren, sind zwanzig Jahre nach Gründung des MERCOSUR viele Ziele nicht erreicht worden, da zwischen den Mitgliedstaaten Streitigkeiten bestehen. So hat Brasilien erst 2009 dem Beitritt Venezuelas zugestimmt, Paraguay hat bis 2011 dem Beitritt nicht zugestimmt. Der „Entwicklungsprozess" des MERCOSUR ist noch nicht abgeschlossen.

2. *Organe:* Die institutionelle Struktur besteht bisher nur aus zwei Organen, dem sogenannten Rat (Entscheidungsorgan; Einstimmigkeitsprinzip) und der sogenannten Gemeinsamer-Markt-Gruppe (Initiativrecht, Überwachungsfunktionen, exekutive Aufgaben, kein supranationaler Charakter). Sitz des Sekretariats der „Gruppe" ist

Montevideo. Anstelle eines gemeinsamen Gerichtshofs fungiert lediglich ein Schiedsgericht. Außerhalb des Abkommens von Asunción hat sich eine sogenannte Gemeinsame Parlamentarische Kommission etabliert; außerdem finden regelmäßig informelle Treffen der Wirtschaftsminister mit den Zentralbank-Präsidenten statt.

3. *Entwicklung:* Der Handel mit den jeweils übrigen Mitgliedsländern spielte in der Vergangenheit nur für die beiden kleinen Teilnehmerstaaten eine größere Rolle. Seit Beginn des schrittweisen Abbaus der Handelsschranken (30.6.1991) hat der Intra-Block-Handel aller vier Integrationspartner jedoch signifikant zugenommen. Seit Anfang 1996 ist Bolivien, seit Mitte 1998 Chile, seit Mitte 2003 Peru und seit Oktober 2004 Kolumbien und Ecuador, sowie seit 2015 Guayana und Surinam dem MERCOSUR assoziiert.

4. *Beziehungen zur EU:* Seit dem 1.7.1999 ist zwischen den EU- und den vier MERCOSUR-Staaten ein Rahmenabkommen zur wirtschaftlichen, politischen und kulturellen Kooperation in Kraft. Kernelement des Vertragswerks bildet die Verpflichtung zu einer zügigen beiderseitigen Verringerung der Handelshemmnisse; bei Vertragsunterzeichnung wurde außerdem die Absicht bekräftigt, im Laufe des ersten Jahrzehnts des 21. Jh. das Ziel einer umfassenden gemeinsamen Freihandelszone anzustreben. Das EU-MERCOSUR-Abkommen beinhaltet neben den handelspolitischen Vereinbarungen auch Bestimmungen zur Förderung von Investitionen sowie zur Zusammenarbeit in der Forschungs- und Technologiepolitik, sowie zur Kooperation in den Bereichen Wissenschaft und Umweltpolitik.

Ministerrat der Europäischen Union

Wurde umbenannt in Rat der Europäischen Union, ein Organ der EU.

N

Nicht-Pharmazeutische-Intervention

Engl. *Non-Pharmaceutical-Interventions*, abgekürzt NPI, sind Maßnahmen zur aktiven Bekämpfung einer Pandemie (Pandemiebekämpfung), z. B. Ausgangssperren, Kontaktsperren, Maskenpflicht, Social Distancing, Lockdown/Shutdown, Grenzschließungen, Reiseverbote.

© Springer Fachmedien Wiesbaden GmbH, ein Teil von Springer Nature 2023
Springer Fachmedien Wiesbaden GmbH (Hrsg.), *130 Keywords Europa*,
https://doi.org/10.1007/978-3-658-39296-3_14

O

OEEC

Abk. für *Organization for European Economic Co-Operation, Organisation für europäische wirtschaftliche Zusammenarbeit, Europäischer Wirtschaftsrat;* am 16.4.1948 als Nachfolgerin des CEEC (Committee for European Economic Cooperation) von den am Marshall-Plan (ERP) teilnehmenden 16 europäischen Staaten und den Oberbefehlshabern der amerikanischen, britischen und französischen Besatzungszone Deutschlands mit Sitz in Paris gegründet; seit 1.10.1961 in die OECD überführt.

Aufgaben und Ziele: Aufstellung von koordinierten europäischen Wiederaufbauplänen, die von den USA bei der Gewährung der Marshall-Plan-Hilfe gefordert wurden; Aufbau einer gesunden europäischen Wirtschaft durch wirtschaftliche Zusammenarbeit: Förderung von Produktion, Rationalisierung, Vollbeschäftigung, Ausweitung und Erleichterung des europäischen Handels- und Zahlungsverkehrs, Abbau von Handelshemmnissen, Förderung von Zollunionen und Freihandelszonen, Auf-

© Springer Fachmedien Wiesbaden GmbH, ein Teil von Springer Nature 2023
Springer Fachmedien Wiesbaden GmbH (Hrsg.), *130 Keywords Europa*,
https://doi.org/10.1007/978-3-658-39296-3_15

rechterhaltung der Währungsstabilität, Verminderung von Zöllen. Am 18.8.1950 wurde ein Liberalisierungskodex beschlossen und am 19.9.1950 die Europäische Zahlungsunion (EZU) gegründet.

Die OEEC hatte keine supranationalen Befugnisse, die Beschlüsse mussten in der Regel einstimmig gefasst werden, wobei die Durchführung den Mitgliedsstaaten oblag.

Würdigung: Die Konvention der OEEC erlaubte ihren Mitgliedern einen großen Freiraum. Als Koordinierungsorganisation war sie erfolgreich, da aus ihr wichtige Impulse einer Wirtschaftsunion hervorgingen, die zu einem engeren Zusammenschluss in EGKS und EWG sowie EFTA führten. Ihre wesentlichen Ziele, den Wiederaufbau zu fördern, eine stärkere Liberalisierung anzustreben und eine Multinationalisierung des innereuropäischen Zahlungsverkehrs zu fördern, wurde erreicht. Nach Erfüllung ihrer Aufgaben wurde durch Vertrag vom 14.12.1960 die OECD als Atlantische Organisation zur Förderung wirtschaftspolitischer Zusammenarbeit gegründet.

Östliche Partnerschaft

Die Europäische Nachbarschaftspolitik (ENP) der Europäischen Union (EU) wurde im Jahr 2009 durch das Programm der „Östlichen Partnerschaft" ergänzt.

Ziel: Ziel der Östlichen Partnerschaft ist die politische und wirtschaftliche Heranführung sechs ehemaliger Sowjetrepubliken an die EU.

Adressaten: Die folgenden sechs Staaten sind Adressaten des Programms: Armenien, Aserbaidschan, Georgien, Moldawien, Ukraine und Weißrussland (Belarus).

Assoziierungsabkommen: Assoziierungsabkommen mit der EU auf Grundlage des Artikels 217 AEUV wurden am 27.6.2014 mit Georgien, Moldawien und der Ukraine geschlossen. Der politische Teil des Assoziierungsabkommens mit der Ukraine war bereits im März 2014 mit der ukrainischen Übergangsregierung geschlossen worden, nachdem die ursprüngliche ukrainische Regierung unter dem Druck Russlands noch vor der Annexion der Krim vor der Unterzeichnung zurückgeschreckt war.

Handelspolitische Ziele der Assoziierung: Das Auswärtige Amt (AA) stellt die handelspolitischen Ziele folgendermaßen dar: „Die Östliche

Partnerschaft ist das ambitionierteste Angebot zur Zusammenarbeit, innerhalb der Nachbarschaftspolitik der EU. Sie fußt zunächst auf dem Abschluss umfangreicher Assoziierungsabkommen mit der EU, deren Bestandteil grundsätzlich ‚tiefe und umfassende' Freihandelsabkommen (deep and comprehensive free trade agreements, DCFTA) sind." Neben den DCFTA zielt die östliche Partnerschaft insbesondere auf folgende Punkte: „[…] eine verstärkte Kooperation aller Partner untereinander. Die Schwerpunkte dieser projektbezogenen Zusammenarbeit umfassen die Themen (1) Demokratie und gute Regierungsführung, (2) Wirtschaft und Konvergenz, (3) Energiesicherheit und (4) zwischenmenschliche Kontakte." *Geringe Wahrscheinlichkeit naher Zusammenarbeit*: Mit einem der sechs Staaten besteht inzwischen eine sehr geringe Wahrscheinlichkeit naher Zusammenarbeit: Weißrussland (Belarus).

Weißrussland: Weißrussland (Belarus) gilt als letzte Diktatur Europas. Daher ist eine politische Annäherung derzeit unwahrscheinlich. Weißrussland (Belarus) sucht weiterhin die Nähe Russlands und gründete mit Russland und Kasachstan am 29.5.2014 die Eurasische Wirtschaftsunion, die am 1.1.2015 ihre Arbeit aufnahm.

Armenien: Armenien ist am 10.10.2014 der Eurasischen Wirtschaftsunion beigetreten. Ein bereits gemeinsam mit der EU ausgehandeltes Assoziierungsabkommen ist auf Grund der Intervention Russlands nicht unterzeichnet worden. Im November 2017 ist ein Übereinkommen über eine verstärkte und vertiefte Partnerschaft mit der EU unterzeichnet worden. Nach der friedlichen „violetten Revolution" 2018 streben pro-europäische Kräfte eine Unterzeichnung eines tiefen, umfassendem Freihandelsabkommen an, das nur bei einem Austritt aus der Eurasischen Wirtschaftsunion möglich ist. Das EU-Assoziierungsabkommen wird 2019 abgeschlossen. Konkret wird 2019 über die Visa-Freiheit der Armenier für die EU verhandelt.

Künftige Rolle Aserbaidschans: Die künftige Assoziierung Aserbaidschans wird auf beiden Seiten für möglich gehalten. Die EU ist größter Abnehmer des Erdöls aus Aserbaidschan. Aserbaidschan ist im Gegensatz zu Armenien bislang nicht der Eurasischen Wirtschaftsunion beigetreten.

Gipfeltreffen: Gemeinsame Gipfeltreffen werden von der EU und den sechs östlichen Partnerländern alle zwei Jahre vorgenommen. Ergebnisse des 5. Gipfeltreffens im November 2017 waren u. a. ein Übereinkommen der vertieften Partnerschaft mit Armenien, ein Abkommen über einen gemeinsamen Luftverkehrsraum mit Armenien und eine Koordinierung und Stärkung des transeuropäischen Verkehrsnetzes.

Hauptziele: Die Östliche Partnerschaft hat für jedes der sechs Partnerländer 20 Hauptziele: 1. Strukturiere Interaktion mit der Zivilgesellschaft, 2. Gleichberechtigung, Geschlechtergerechtigkeit und Nicht-Diskriminierung, 3. Strategische Kommunikation und Vielfalt sowie Unabhängikeit der Medien, 4. Regulatorisches Umfeld für wirtschaftliche Entwicklung und Entwicklung kleiner und mittlerer Unternehmen, 5. Überbrückung von Lücken der Finanzierung und von finanziellen Rahmenbedingungen, 6. Neue Arbeitsplätze auf örtlichem und regionalem Niveau, 7. Harmonisierung digitaler Märkte, 8. Handel und Freihandelszone mit der EU (DCFTA), 9. Grundsatz der Rechtsstaatlichkeit (Rule of Law) und Korruptionsbekämpfung, 10. Durchführung von Reformen des justiziellen Systems, 11. Durchführung von Reformen des öffentlichen Dienstes, 12. Sicherheit, 13. Ausdehnung des Transeuropäischen Netzwerks, (Trans European Transport.Network, TEN-T) (Verkehrswegeinfrastruktur), 14. Energieversorgung, 15. Energieeffizienz, Erneuerbare Energien, Reduzierung der Treibhausgase, 16. Umwelt und Anpassung an den Klimawandel, 17. Visa Vereinfachung und Partnerschaften zur Mobilitätserhöhung, 18. Jugend, Bildung, Entwicklung von relevanten Fähigkeiten und Kultur, 19. Europäische Osteuropäische Partnerschaftsschule, 20. Forschung und Entwicklung.

Bewertung: Die Reaktionen Russlands auf die Östliche Partnerschaft zeigen deutlich, dass eine weitere Integration früherer Sowjetrepubliken in die ENP weniger einfach ist, als zunächst gedacht. Die Machtpolitik Russlands führte zur Intervention in der Ostukraine und verhinderte den Abschluss eines bereits ausgehandelten Assoziierungsabkommens mit Armenien. Selbst wenn Assoziierungsabkommen mit Moldawien (Moldau), Georgien und der Ukraine abgeschlossen worden sind (und die EU das als Erfolg feiert) müssen diese Absichtserklärungen mit Leben gefüllt werden. Die Einführung der Freihandelsabkommen sind ein Schritt dahin – ob der mächtige Nachbar Russland die friedliche Annäherung in seiner direkten Nachbarschaft weiterhin ruhig mit ansieht, wird die Zukunft zeigen. Der Ukraine-Konflikt ist eine erste und deutliche Warnung in Richtung EU, dass Russland eine zu starke Annäherung in den eigenen

Machtbereich nicht toleriert. Die Eurasische Wirtschaftsunion wird so für ehemalige Sowjetrepubliken eine Alternative zur EU; diese ehemaligen Sowjetrepubliken werden dabei gleichzeitig wieder stärker in wirtschaftliche Abhängigkeiten mit Russland verstrickt werden. Das wiederum bedeutet eine wirtschaftliche und politische Abkehr von der EU. Die Östliche Partnerschaft versucht die sechs östlichen Partnerländer auf dem Weg zu stabilen und demokratischen Zivilgesellschaften zu unterstützen und fördert die Zusammenarbeit verschiedener zivilgesellschaftlicher Bereiche mit der EU (u. a. der Jugend, der Forschung, der kritischen Medien).

Gipfeltreffen in zweijährigem Rythmus bestärken und vertiefen die Zusammenarbeit. Die Östliche Partnerschaft läuft für alle sechs Zielländer weiter, auch wenn derzeit nur drei Assoziierungsabkommen abgeschlossen haben. Die violette Revolution in Armenien im April/Mai 2018 hat die Verhältnisse derartig verändert, dass die neue Regierung eine engere Anbindung an die EU anstrebt.

OSZE

Abk. für *Organisation für Sicherheit und Zusammenarbeit in Europa.* Internationale Organisation mit Sitz in Wien.

Gründung und Ziel: Am 1.1.1995 als verstetigte Staatenkonferenz zur Sicherung des Friedens in Europa als Nachfolgeorganisation der Konferenz für die Sicherheit und Zusammenarbeit in Europa (KSZE) gegründet.

P

Petroeuro

Dollareinnahmen aus dem Verkauf von Erdöl (Rohöl) in Euro. Einige Staaten versuchen den Petrodollar (die Fixierung auf den US-Dollar für Rohöl) durch Fakturierungen in Euro entgegenzuwirken (v. a. China, Iran, Syrien, Venezuela).

© Springer Fachmedien Wiesbaden GmbH, ein Teil von Springer Nature 2023
Springer Fachmedien Wiesbaden GmbH (Hrsg.), *130 Keywords Europa*,
https://doi.org/10.1007/978-3-658-39296-3_16

R

Rat der Europäischen Union

1. *Begriff:* Gesetzgebendes Organ der EU mit Sitz in Brüssel, das in den meisten Fällen gemeinsam mit dem Europäischen Parlament EU-Rechtsakte beschließt; für die Rechtsgrundlagen vgl. Art. 16 EUV, Art. 137 ff. AEUV. Nicht zu verwechseln mit dem Europäischen Rat und dem Europarat (einer eigenständigen supranationalen Organisation).

2. *Merkmale:* Der Rat der EU tritt in verschiedenen Fachformationen zusammen (Allgemeine Angelegenheiten, Wirtschaft- und Finanzen (ECOFIN), Wettbewerbsfähigkeit, Umwelt, Justiz und Inneres, Landwirtschaft und Fischerei, Verkehr, Telekommunikation und Energie, etc.). Er setzt sich aus einem Vertreter auf Ministerebene pro Mitgliedsstaat zusammen. Bundesstaatlich organisierte Staaten können sich auch durch regionale Regierungsmitglieder vertreten lassen.

3. *Aufgaben/Arbeitsweise:* Im Rat der EU bringen die Mitgliedstaaten ihr nationales Interesse mit europäischem Interesse in Einklang und beschließen Rechtsakte (EU-Gesetzgebung). Internationale Abkommen und Verträge mit Drittstaaten oder internationalen Organisationen werden ebenfalls vom Rat der EU geschlossen. Ebenfalls in den Außenbeziehungen kann der Rat der EU Wirtschaftssanktionen (z. B. ein Embargo) beschließen und über die Aufnahme neuer Mitgliedsstaaten

© Springer Fachmedien Wiesbaden GmbH, ein Teil von Springer Nature 2023
Springer Fachmedien Wiesbaden GmbH (Hrsg.), *130 Keywords Europa*,
https://doi.org/10.1007/978-3-658-39296-3_17

123

entscheiden. Der Rat der EU kann die Zahl der Mitglieder der Europäischen Kommission ändern und damit *primäres Gemeinschaftsrecht* ändern. Er kann außerdem Durchführungsvorschriften und Empfehlungen erlassen. Er sorgt für die Abstimmung der Wirtschaftspolitiken der Mitgliedstaaten. In Bereichen, in denen die EU die Politik der Mitgliedstaaten ergänzt (z. B. Sozialpolitik, allgemeine und berufliche Bildung, Jugend) kommt die Europäische Methode der Offenen Koordinierung zur Anwendung. Der Rat der EU kontrolliert die Kommission mittels der Komitologie. Der Rat der EU ist gemeinsam mit dem Europäischen Parlament *Haushaltsbehörde der EU.* Eine mehrstufige Vorbereitung der Beschlüsse erfolgt im Rahmen der über 200 Ratsarbeitsgruppen (Experten aus den nationalen Verwaltungen) und danach im Ausschuss der Ständigen Vertreter. Das Ratssekretariat wird vom Generalsekretär geleitet, der gleichzeitig *Hoher Vertreter* für die GASP ist. Jeweils ein Mitgliedsstaat hat für ein halbes Jahr die Ratspräsidentschaft inne (den Vorsitz des Rates) und bestimmt auf allen Ebenen das Arbeitsprogramm, bereitet die Beschlüsse vor und vertritt die EU nach außen.

4. *Abstimmungsverfahren:* Beschlüsse werden einstimmig oder mit qualifizierter Mehrheit gefasst. Für Verfahrensfragen reicht die einfache Mehrheit.

Abstimmungen mit qualifizierter Mehrheit finden heute in einem Großteil aller Politikbereiche statt und ermöglichen effizientes, supranationales Handeln. Einstimmigkeit herrscht z. B. noch im Bereich Steuern, Sozialschutz für Wanderarbeitnehmer, Anerkennung von Diplomen und Anreizmaßnahmen im Kulturbereich. Einstimmigkeit bedeutet, dass hier jedes Land eine Veto-Möglichkeit hat. Enthaltungen stehen der Annahme eines Beschlusses mit Einstimmigkeit jedoch nicht im Wege. Bei qualifizierten Mehrheitsentscheidungen sind die Stimmen der Mitgliedstaaten unterschiedlich gewichtet. Ein Ratsmitglied kann sein Stimmrecht auf ein anderes übertragen.

5. *Zusammensetzung:* Der Rat der EU besteht seit dem EU-Beitritt Kroatiens im Juli 2013 aus 28 Mitgliedern mit insgesamt 352 Stimmen. Zuvor betrug die Gesamtzahl der gewogenen Stimmen in der EU-25 321 Stimmen, bzw. in der EU-27 345 Stimmen. Die vier großen Mitgliedstaaten Deutschland, Frankreich, Großbritannien und Italien

verfügen über jeweils 29 Stimmen, gefolgt von Polen und Spanien mit jeweils 27 Stimmen. Eine qualifizierte Mehrheit kommt zu Stande, wenn mind. 260 von 352 Stimmen (73,91 Prozent). Zusätzlich muss die Mehrheit der Mitgliedstaaten (d. h. mindestens 15) zugestimmt haben. Ein Mitgliedsstaat kann auf Antrag überprüfen lassen, ob die qualifizierte Mehrheit mind. 62 Prozent der Gesamtbevölkerung der EU umfasst. Wenn dies nicht der Fall ist, kommt der Beschluss nicht zu Stande.

Die Tabelle zeigt das Stimmenverhältnis der Mitgliedstaaten im Rat der EU im Jahr 2000 (EU-15), 2005 (EU-25), 2007 (EU-27) und 2013 (EU-28).

Seit dem 1.11.2014 haben sich die Quoren geändert. Als qualifizierte Mehrheit gilt nun eine Mehrheit von mindestens 55 Prozent der Mitglieder des Rats, gebildet aus 15 Mitgliedern, so Unionsbevölkerung bilden. Als Sperrminorität sind mindestens 4 Mitglieder erforderlich. Weiteres in Art. 16 Abs. 4 und 5 EUV. Mit Vollzug des Brexit am 31.1.2020 haben sich die Stimmensummen geändert (die Gesamtzahl der Stimmen sinkt mit dem Brexit um 29 auf insges. 321 Stimmen).

Tabelle des Stimmverhältnisses im Rat der EU seit der EG-15 (2000), über die EU-27 (2007) bis zur EU-28 (2013) und erneut zur EU-27 (2020)

Mitgliedstaat	Stimmen im Rat 2000	Stimmenverhältnis 2000	Stimmen im Rat 2007/2017	Stimmenverhältnis 2007/2017
Deutschland	10	11,5	29	8,4
Frankreich	10	11,5	29	8,4
Großbritannien	10	11,5	29	8,4
Italien	10	11,5	29	8,4
Spanien	8	9,2	27	7,8
Niederlande	5	5,7	13	3,8
Belgien	5	5,7	12	3,6
Griechenland	5	5,7	12	3,6
Portugal	5	5,7	12	3,6
Österreich	4	4,6	10	2,9
Schweden	5	5,7	10	2,9
Dänemark	3	3,4	7	2
Finnland	3	3,4	7	2
Irland	3	3,4	7	2

Mitgliedstaat	Stimmen im Rat 2000	Stimmenverhältnis 2000	Stimmen im Rat 2007/2017	Stimmenverhältnis 2007/2017
Luxemburg	2	2,3	4	1,2
EG-15 gesamt	**87**	**100**	**237**	-
Polen	-	-	27	7,8
Tschechien	-	-	12	3,6
Ungarn	-	-	12	3,6
Litauen	-	-	7	2
Slowakei	-	-	7	2
Estland	-	-	4	1,2
Lettland	-	-	4	1,2
Slowenien	-	-	4	1,2
Zypern	-	-	4	1,2
Malta	-	-	3	0,9
Rumänien	-	-	14	4
Bulgarien	-	-	10	2,9
Kroatien	-	-	7	2
EU-28 gesamt	-	-	**352**	**100**

Realignment

Anpassung des im Rahmen eines internationalen Währungssystems angestrebten fixen Wechselkurses an veränderte Fundamentaldaten durch Aufwertung oder Abwertung.

Römische Verträge

Am 25.3.1957 in Rom unterzeichnete Verträge zur Gründung der beiden Europäischen Gemeinschaften – EWG und EAG. Keimzellen der heutigen Europäischen Union (EU), neben der 1952 gegründeten ersten Europäische Gemeinschaft für Kohle und Stahl, EGKS (Montanunion).

S

Schengener Abkommen

Übereinkommen von Schengen vom 14.6.1985 zwischen den Regierungen der Staaten BeNeLux-Wirtschaftsunion, der Republik Frankreich und der Bundesrepublik Deutschland betreffend den schrittweisen Abbau von Kontrollen an den gemeinsamen Grenzen, auch „Schengen II" genannt, sowie das Durchführungsabkommen von 1990 („Schengen II"; vgl. Zustimmungsgesetz vom 15.7.1993 (BGBl. II 1010)). Ziel der völkerrechtlichen Vereinbarungen sind der Abbau von Grenzkontrollen an den Binnengrenzen und Ausgleichsmaßnahmen zur Aufrechterhaltung des Sicherheitsniveaus durch Verstärkung und Abstimmung der Kontrollvorkehrungen. Kernstück ist das Schengener Informationssystem (SIS), mit einer zentralen Datenerfassungsstelle in Straßburg und nationalen Stellen, die den grenzüberschreitenden Verkehr erfassen sollen. Seit Februar 2009 sind 26 europäische Staaten (inklusive der Schweiz und Liechtenstein sowie die EFTA-Staaten Norwegen und Island) Mitglieder des Schengenraums.

EU-Staaten, die nicht Mitglieder des Schengenraums sind: Großbritannien, Irland, Zypern, Kroatien, Bulgarien und Rumänien.

© Springer Fachmedien Wiesbaden GmbH, ein Teil von Springer Nature 2023
Springer Fachmedien Wiesbaden GmbH (Hrsg.), *130 Keywords Europa*,
https://doi.org/10.1007/978-3-658-39296-3_18

Schengenraum

Gemeinsamer Raum nach dem Schengener Abkommen, in welchem die Grenzkontrollen hinsichtlich des Personenverkehrs abgeschafft worden sind und das außerhalb der Europäischen Union (EU) mithilfe von internationlen Abkommen vereinbart worden ist („Raum ohne Binnengrenzkontrollen").

Nicht alle EU-Mitgliedstaaten gehören zum Schengenraum und weitere Staaten sind Mitglieder des Schengenraums: Nicht-EU-Mitglieder sind Island, Norwegen, Schweiz und Liechtenstein (EFTA).

EU-Mitglieder des Schengenraums: Deutschland, Dänemark, Belgien, Niederlande, Luxemburg, Frankreich, Spanien, Italien, Österreich, Ungarn, Slowenien, Tschechien, Slowakei, Polen, Estland, Lettland, Litauen, Finnland, Schweden und Malta.

EU-Mitgliedstaaten, die nicht Mitglieder des Schengenraums sind: Vereinigtes Königreich, Irland, Bulgarien, Rumänien, Kroatien und Zypern.

Separatismus in der EU

Nicht neu, aber immer eine drohende Gefahr für den Zusammenhalt der Europäischen Union (EU), vgl. Krise der Europäischen Union. Flammte im Herbst 2017 durch die Bestrebungen der separatistischen Regionalregierung in Katalonien auf, eine Abspaltung von Spanien voranzutreiben. Am 1.10.2017 wurde gegen die Anordnung des spanischen Verfassungsgerichts ein Unabhängigkeitsreferendum in Katalonien abgehalten, in welchem 90 % für eine Unabhängigkeit stimmten, wobei nur 42,3 % der Wahlberechtigten am Referendum teilgenommen hatten. Am 27.10.2017 stimmte das katalanische Parlament mit 70 zu 10 Stimmen (in Abwesenheit der protestierenden katalanischen Opposition) für eine Unabhängigkeit. Die Krise mündete in der Absetzung der katalanischen Regionalregierung am 28.10.2017 durch die Anwendung des Art. 155 der spanischen Verfassung. Die Zentralregierung in Madrid hatte dadurch die Regierungsgeschäfte in Barcelona übernommen und ordnete Neuwahlen für den 21.12.2017 an. Die Staatsanwaltschaft in

Madrid klagte in der Folge die Regierungsmitglieder der abgesetzten katalanischen Regierung wegen der Auflehnung gegen die Staatsgewalt und Rebellion an und nahm acht abgesetzte Regionalregierungsmitglieder in Untersuchungshaft. Fünf weitere Mitglieder, darunter der abgesetzte Präsident des katalanischen Regionalparlaments, setzten sich nach Belgien ab. In Madrid wurden für sie EU-Haftbefehle beantragt und ausgestellt, die katalanischen Politiker stellten sich in Brüssel. Im Frühjahr 2018 wurde ein neuer Regionalpräsident in Katalonien gewählt, da der bisherige in Deutschland im Exil lebt (und zunächst nicht ausgeliefert worden ist). Im Juli 2018 wurde der europäische Haftbefehl gegen den ehemaligen katalanischen Regionalpräsidenten fallen gelassen (Belgien und Deutschland müssen ihn daher nicht mehr an Spanien ausliefern). Mit der Vereidigung der neuen katalanischen Regierung am 2.6.2018 endete die Zentralverwaltung der katalanischen Region. Am 1.6.2018 wurden der spanische Ministerpräsident Rajoy und seine Regierung auch mit Stimmen der im Madrider Parlament versammelten katalanischen Separatisten durch ein Misstrauensvotum gestürzt (das allerdings v. a. auf eine Korruptionsaffäre gestützt gewesen ist). Die neue sozialistische Minderheitsregierung kündigte Verhandlungen mit den katalanischen Separatisten und Diskussionen um eine Verfassungsreform und die Schaffung eines föderalstaatlichen Spaniens an. Im September 2020 wurde der nachfolgende katalonische Regionalpräsident Quim Torra endgültig für 18 Monate von der Zentralregierung abgesetzt (höchstrichterlich bestätigt), weil er in der Parlamentswahl 2019 an öffentlichen Gebäuden die Zeichen der Unabhängigkeitsbewegung nicht entfernt hatte – danach kam es zu öffentlichen Ausschreitungen.

Separatistische Bestrebungen in anderen Mitgliedstaaten: Separatistische Bestrebungen gibt es auch in Frankreich (Baskenland, Korsika), Italien (Südtirol, Lombardei, Veneto), Belgien (Flamen), dem UK (Schottland mit erfolgloser Volksabstimmung am 18.9.2014 und Forderungen für eine neue Volksabstimmung – zuletzt im Januar 2021 nach dem endgültigen Vollzug des Brexit) und anderen Mitgliedstaaten.

Verhalten der EU: Die EU als Union von Nationalstaaten betrachtet diese Bedrohung jeweils als innerstaatliche Angelegenheit eines Mitgliedstaats und mischt sich nicht ein. Im Fall einer Abspaltung ist der neue Staat nicht mehr Mitglied der EU. Eine Aufnahme in die EU erscheint nicht wahrscheinlich, weil alle anderen Mitgliedstaaten zustimmen müssten und selbst Abspaltungen befürchten.

Mögliche Unabhängigkeit Schottlands: Eine andere Situation könnte sich im Falle des Brexit für Schottland ergeben, da Schottland gegen den Mehrheitswillen zum Austritt aus der EU gezwungen würde und als eigenständige Nation den Beitritt beantragen könnte (im Gegensatz zu Katalonien war Schottland bis 1707 ein eigenständiges Königreich bis zur Union mit dem Königreich England zu Großbritannien). Das UK wäre dann kein EU-Mitgliedstaat mehr und könnte eine Aufnahme Schottlands nicht verhindern, sicher wäre allerdings eine Aufnahme in die EU nicht und der Aufnahmeprozess würde Jahre dauern. Im Mai 2018 demonstrierten etwa 35.000 schottische Separatisten für eine Unabhängigkeit in Glasgow. Mit Vollzug des Brexit am 31.1.2020 bekräftigten das Schottische Parlament und First Minister Nicola Sturgeon den Willen zu einem zweiten Unabhängigkeitsreferendum – entsprechende Gesetzgebung wurde auf den Weg gebracht. Das UK weist diese Forderung nachdrücklich zurück.

Solidaritätsfonds der EU

Der Europäische Solidaritätsfonds wurde 2002 eingerichtet nach den Erfahrungen schwerer Überschwemmungen, Waldbrände und anderer Katastrophen. Er ist ein Ausdruck konkreter europäischer Solidarität und ist von den Strukturfonds getrenntes Finanzierungsinstrument für Nothilfe im Falle schwerer Katastrophen. Förderfähig sind Situationen, in denen die geschätzten Direktkosten der Schäden mehr als 3 Mrd. Euro oder 0,6 Prozent des BIP des betroffenen Staats betragen. In Ausnahmefällen kann der EUSF auch bei außergewöhnlichen regionalen Katastrophen intervenieren. Pro Jahr stehen 1 Mrd. Euro zur Verfügung.

Sozialpolitik der Europäischen Union

1. *Rechtsgrundlagen:* Sozialpolitische Zielsetzungen enthielt bereits der 1952 in Kraft getretene Vertrag über die Gründung der Europäischen

Gemeinschaft für Kohle und Stahl (EGKS). Der Vertrag über die Gründung der EWG (Europäische Wirtschaftsgemeinschaft) – EWGV – bezeichnete sowohl in seiner Präambel als auch in den Art. 2 und 3 die Verbesserung der Arbeits- und Lebensbedingungen der Arbeitnehmer in der Gemeinschaft als eines der Integrationsziele. Heute bilden v. a. die Art. 151–166 AEUV die Rechtsgrundlage für sozialpolitische Aktionen der EU. Mit dem Amsterdamer Vertrag wurde ein eigenes Beschäftigungskapitel (heute: Art. 145–150 AEUV) eingeführt. Durch eine koordinierte Beschäftigungsstrategie sollen demnach ein hohes Beschäftigungsniveau, Wettbewerbsfähigkeit und sozialer Zusammenhalt gefördert werden.

2. Grundsätzlich liegt die *Zuständigkeit für die Sozialpolitik* jedoch vorläufig auch weiterhin bei den einzelnen Mitgliedsstaaten; die Rolle der Union im Bereich der Sozialpolitik besteht gegenwärtig primär darin, auf eine möglichst enge Zusammenarbeit der Mitgliedsstaaten in sozialen Fragen hinzuwirken sowie unter bestimmten Voraussetzungen ergänzende finanzielle Hilfestellungen zu gewähren. Zentrales sozialpolitisches *Finanzinstrument der Gemeinschaft* ist der Europäische Sozialfonds (ESF).

3. *Entwicklung:* Den faktischen Beginn einer EU-Sozialpolitik stellte das vom Ministerrat (heute: *Rat der Europäischen Union*) 1974 verabschiedete *erste Soziale Aktionsprogramm* dar. Durch das Inkrafttreten der EEA *(Einheitliche Europäische Akte)* sind die sozialpolitischen Zuständigkeiten der Gemeinschaft nur sehr begrenzt ausgeweitet worden. Seitdem kann der Ministerrat auf Vorschlag der Europäischen Kommission im ordentlichen Gesetzgebungsverfahren (EU-Gesetzgebung) zusammen mit dem Europäischen Parlament Rechtsakte *zum Schutz der Sicherheit und der Gesundheit der Arbeitnehmer* erlassen (Art. 153 Abs. Buchst.a AEUV). Im Dezember 1989 wurde vom Europäischen Rat die sog. *EU-Sozialcharta* beschlossen. Weil sich Großbritannien auch im Zuge der Aushandlung des Vertrags über die EU weigerte, die Etablierung einer echten gemeinsamen Sozialpolitik zu akzeptieren, beschloss der Europäische Rat vom Dezember 1991 (Maastricht), die bereits im Gemeinschaftsrecht existierenden sozialpolitischen Bestimmungen fortbestehen zu lassen und dem EUV ein *Protokoll über die Sozialpolitik* hinzuzufügen, das es den übrigen Mit-

gliedsstaaten erlaubt, die Institutionen und Verfahren der Union für eine gemeinschaftliche Sozialpolitik zunächst unter Ausklammerung Großbritanniens (seit 1998 akzeptiert auch Großbritannien die einschlägigen Sozialbestimmungen des EGV) zu nutzen. Fragen des Arbeitsentgelts, des Streik- und Aussperrungsrechts sowie weitere Bereiche des Arbeitsrechts sind weiterhin in der Kompetenz der Mitgliedsländer.

4. *Bedeutung:* Beschlüsse nach Maßgabe der Bestimmungen des Sozialprotokolls bedürfen der Einstimmigkeit jener Mitgliedsstaaten, die diesem Protokoll zugestimmt haben. Insgesamt gesehen begründen das primäre Gemeinschaftsrecht sowie die Existenz der Sozialcharta und des Sozialprotokolls zum EUV allenfalls ansatzweise das Bestehen einer echten gemeinschaftlichen Sozialpolitik. Denn auch die in Amsterdam im Hinblick auf die EWU vereinbarte Reform des Beschäftigungstitels und die nachfolgenden Änderungen durch den Vertrag von Lissabon (Art. 145–150 AEUV) ändert grundsätzlich nichts an den vorrangig nationalen Zuständigkeiten in der Sozial- und Beschäftigungspolitik; es verpflichtet die Mitgliedsstaaten lediglich „auf die Förderung der Qualifizierung, Ausbildung und Anpassung der Arbeitnehmer" (Art. 145 AEUV).

5. *Instrumente:* Seit dem Beginn der europäischen Integration hatte die EU auch das Ziel durch Kooperation und ergänzende Maßnahmen auf europäischer Ebene, den sozio-ökonomischen Wandel zu begleiten und den sozialen und wirtschaftlichen Zusammenhalt zu stärken. Eine Reihe von Instrumenten und Mechanismen unterstützen diese Ziele: Wichtige europäische Gesetze wurden z. B. für die Bereiche Gesundheit und Schutz am Arbeitsplatz, Gleichberichtigung sowie Anti-Diskriminierung angenommen. Der Europäische Sozialfonds (ESF) und der Europäische Globalisierungsanpassungsfonds (EGF) helfen dabei, dass Menschen in Arbeit bleiben oder neue Arbeit finden können. Der ESF unterstützt im Jahr ca. 9 Mio. Arbeitnehmer. Alleine im Jahr 2009 stehen 10,8 Mrd. Euro aus dem ESF zur Verfügung. Der ESF kann auf krisenbedingte Bedürfnisse reagieren. Weitere Vereinfachungen sowie vorgezogene Zahlungen in Höhe von 1,8 Mrd. Euro wurden beschlossen. Der EGF ist so angepasst worden, dass nun auch

krisenbedingte Entlassungen abgefedert werden können und die Kofinanzierung durch die Gemeinschaft erhöht worden ist.

Außerdem sind die auf EU-Ebene angenommenen Flexicurity-Prinzipien ein wichtiger Rahmen, der es u. a. erlaubt, interne Flexibilität und Sicherheit etwa durch Kurzarbeit bei gleichzeitiger Fortbildung zu erhalten, sodass die Arbeitgeber die Kosten von Entlassungen und Neueinstellungen sparen können. Das Europäische Beschäftigungsportal EURES hilft Arbeitsuchenden einen Job in einem anderen europäischen Land zu finden. Auch hilft die EU, die nationalen Anstrengungen für aktive Arbeitsmarktintegration, lebenslanges Lernen und die Bekämpfung von Armut sowie bei der Modernisierung der Sozialschutzsysteme zu koordinieren. Die sog. „New Skills for New Jobs"-Initiative zielt darauf ab, zukünftige Qualifikationserfordernisse rechtzeitig zu erkennen, die Bildungs- und Ausbildungssysteme darauf auszurichten und Angebot und Nachfrage auf dem europäischen Arbeitsmarkt besser zusammenzuführen. Dank des Binnenmarkts können Arbeitnehmer und Dienstleistungen – bei gleichzeitigem Schutz der Arbeitnehmerrechte – frei zirkulieren und qualitativ hochwertige, zugängliche und nachhaltige soziale Dienste angeboten werden. Mit der erneuerten Sozialagenda hat die Kommission die Bedeutung des sozialen Europa bestätigt und ihren Anspruch ausgedrückt, die EU Politiken an veränderte soziale Wirklichkeiten und Trends im Rahmen einer europäischen sozialen Marktwirtschaft anzupassen. Vertrag von Lissabon, der explizit von der europäischen sozialen Marktwirtschaft spricht, sieht eine rechtsverbindliche Grundrechte-Charta vor, die eine Reihe von sozialen Rechten beinhaltet, z. B. das Recht der Arbeitnehmer auf Information und Konsultation, Schutz vor unbegründeter Entlassung, ein Recht auf faire und gerechte Arbeitsbedingungen und das Recht auf Sozialschutz.

STABEX

Abk. für *Stabilisierung der Exporterlöse für Agrarerzeugnisse (franz.: Système de Stabilisation des Recettes d' Exportation).*

1. *Gegenstand: Ehemaliges* System zur Stabilisierung der Exporterlöse. Bereits im Ersten Lomé-Abkommen war für die der EU assoziierten AKP-Staaten ein Mechanismus zur Verstetigung der Deviseneinnahmen, welche diese Länder aus dem Export von bestimmten tropischen und subtropischen Agrargütern sowie von Fischen erzielen, verankert worden.

2. *Voraussetzungen:* Das STABEX-System fand, von wenigen Ausnahmen abgesehen, allein auf die AKP-Exporte in die EU und nur dann Anwendung, wenn die Ausfuhr des jeweiligen Produkts einen festgelegten Anteil (sogenannte Auslöseschwelle) der gesamten Devisenerlöse des betreffenden AKP-Landes überschreitet. Zudem darf der Erlösrückgang nicht selbstverschuldet sein bzw. auf eine gezielte Politik zurückzuführen sein.

3. Das STABEX, wie auch SYSMIN für mineralische Stoffe, wurden auf Druck der *Welthandelsorganisation (*World Trade Organization (WTO)) aufgehoben im Abkommen von *Cotonou* im Jahre 2000.

4. *Leistungen:*

   a) Die STABEX-Bestimmungen gewährten den AKP-Staaten einen *automatischen Anspruch* auf die von der EU aufgebrachten Ausgleichsmittel, sobald die vertraglich fixierten Voraussetzungen gegeben sind.

   b) Das von der EU im Rahmen einer *Sonderfazilität des* EEF (Europäischer Entwicklungsfonds) zur Verfügung gestellte Mittelvolumen des STABEX-Fonds ist schrittweise ausgeweitet worden. Die STABEX-Fazilität ist in Jahrestranchen aufgeteilt.

   c) Die *Höhe einer Ausgleichszahlung* errechnete sich aus dem Durchschnitt der Devisenerlöse, die ein AKP-Land in den zurückliegenden Jahren durch den Export des betreffenden Erzeugnisses in die EU erzielt hat. In besonders gelagerten Fällen kann es gestattet sein, auch die Exporte in andere AKP-Staaten oder auch sogar in sonstige Länder bei der Berechnung des Transferanspruchs mit zu berücksichtigen.

   d) Die sogenannten „am wenigsten entwickelten AKP-Staaten" (und das ist die Mehrheit dieser Länder) erhielten die ihnen übertragenen STABEX-Mittel von Anfang an in vollem Umfang *ohne jede spätere*

Rückerstattungspflicht zur Verfügung gestellt. Mittlerweile braucht keines der AKP-Länder empfangene Zahlungen in Jahren mit überdurchschnittlich hohen Erlösen zurückzugewähren.

5. Die *Verwendung* der vom STABEX-Fonds ausgezahlten Mittel oblag beim Ersten Lomé-Abkommen ausschließlich dem Empfängerstaat. In der Folgezeit sind schrittweise *Verwendungsmodalitäten* eingeführt worden. Seit Inkrafttreten des Vierten Lomé-Abkommens erfolgen die STABEX-Zahlungen nur noch auf der Grundlage eines zwischen dem Empfängerland und der Europäischen Kommission für jeden einzelnen Transferfall vereinbarten *Rahmenkonzepts für gegenseitige Verpflichtungen.*

Stellungnahme

Die Möglichkeiten zur Abgabe von Stellungnahmen sind in zahlreichen Bestimmungen des EU-Rechts enthalten. Stellungnahmen sind generell keine verbindlichen Rechtsakte (Art. 288 AEUV). Sie werden zumeist im Zuge der Vorbereitung von Rechtsakten eingeholt, um die Auffassung anderer Gemeinschaftsorgane oder der Mitgliedsstaaten festzustellen.

Stockholmer Konvention

Übereinkommen zur Errichtung der EFTA (European Free Trade Association, Europäische Freihandelszone); am 4.1.1960 in Stockholm unterzeichnet und am 3.5.1960 in Kraft getreten.

Subsidiarität

1. *Begriff:* Der katholischen Soziallehre entstammendes *gesellschaftsethisches Prinzip* (Ethik), das auf die Entfaltung der individuellen Fähigkeiten, der Selbstbestimmung und Selbstverantwortung abstellt. Nur dort, wo die Möglichkeiten des Einzelnen bzw. einer kleinen

Gruppe (Familie, Gemeinde) nicht ausreichen, die Aufgaben der Daseinsgestaltung zu lösen, sollen staatliche Institutionen subsidiär eingreifen. Dabei ist der Hilfe zur Selbsthilfe der Vorrang vor einer unmittelbaren Aufgabenübernahme durch den Staat zu geben. Der individuelle Aspekt der Subsidiarität (Selbstverantwortung) und der gesellschaftliche Aspekt (Schaffung der materiellen Voraussetzungen hierfür durch den Staat) lassen sich nicht scharf voneinander abgrenzen: Je nach Akzentuierung entsprechen sowohl marktwirtschaftliche als auch wohlfahrtsstaatliche Konzepte dem Subsidiaritätsprinzip. Das Subsidiaritätsprinzip ist ein zentrales Element des ordnungspolitischen Konzepts der Sozialen Marktwirtschaft.

2. *Europarecht:* Mit dem am 1.11.1993 erfolgten Inkrafttreten des *Vertrags zur Gründung der Europäischen Union* (EUV) ist ein spezifisch gemeinschaftsrechtliches Subsidiaritätsprinzip formal etabliert worden.

a) *Rechtsgrundlage:* Art. 5 EUV-Lissabon besagt, dass bei Angelegenheiten, die nicht in die ausschließliche Zuständigkeit der Gemeinschaft fallen, die Union nur tätig wird, „sofern und soweit die Ziele der in Betracht gezogenen Maßnahmen von den Mitgliedstaaten weder auf zentraler noch auf regionaler Ebene ausreichend verwirklicht werden können, sondern vielmehr wegen ihres Umfangs oder ihrer Wirkungen auf Unionsebene besser zu verwirklichen sind" (Art. 5 Abs. 3 EUV). Der Subsidiaritätsgrundsatz des Unionsrechts entspricht also dem *föderalen Prinzip* und dient dem *Zweck,* dass in der Union staatliche Entscheidungen möglichst bürgernah getroffen werden und die nationale Identität der Mitgliedstaaten gewahrt bleibt.

b) Das europarechtliche Subsidiaritätsprinzip bedeutet keine Zuweisung von Zuständigkeiten, sondern eine Anweisung für deren *praktische Ausübung.* Der Europäische Rat von Edinburgh hat 1992 ein Gesamtkonzept zur Anwendung des Subsidiaritätsprinzips verabschiedet. Seither werden sämtliche Rechtsetzungsakte der EU einer Subsidiaritätsprüfung unterzogen. Mit dem Protokoll Nr. 30 präzisierte der Amsterdamer Vertrag weiter die Anwendung des Subsidiaritätsprinzips.

SYSMIN

Abk. für *Stabilisierung der mineralischen Exporterlöse.*

1. *Gegenstand:* SYSMIN ist eine im Rahmen der Lomé-Abkommen vereinbarte Regelung gewesen, die in Ergänzung zu STABEX zu einer langfristigen Verbesserung und Stabilisierung der Devisenerlöse der mit der EU assoziierten AKP-Staaten aus dem Export bestimmter Bergbauprodukte beitragen soll.

2. *Zielsetzung:* Die im Rahmen des (mit dem Zweiten Lomé-Abkommen geschaffenen) SYSMIN gewährten Mittel sollen vorzugsweise einen Beitrag zum Auf- und Ausbau der Förderkapazität der AKP-Staaten bei solchen mineralischen Rohstoffen leisten, an deren langfristiger Versorgungssicherheit die EU-Staaten ein besonderes Interesse haben (Bauxit, Aluminium, Eisenerz, Kobalt, Kupfer, Mangan, Phosphate, Zinn, Gold). Die während des Zweiten und Dritten Lomé-Abkommens im Rahmen von Sysmin zur Verfügung gestellten Mittel wurden als Darlehen zu Sonderkonditionen vergeben; seit Inkrafttreten des Vierten Lomé-Abkommens erfolgt die Mittelgewährung in Form nicht-rückzahlbarer Zuschüsse an die jeweiligen Regierungen, die diese als Kredite an die betreffenden Minengesellschaften weitergeben können. Daneben besteht im Rahmen des Lomé-Abkommens bei der EIB (Europäische Investitionsbank) ein spezieller, zinsgünstiger Kreditrahmen für den Ausbau des Bergbau- und Energiepotenzials der AKP-Staaten. Das Cotonou-Abkommen, mit dem die Entwicklungszusammenarbeit der EU mit den AKP-Staaten bis 2020 fortgesetzt wird, setzt die Kooperation im Bereich mineralischer Rohstoffe seit 2008 in veränderter Form fort.

T

TAIEX

Abkürzung für Technical Assistance and Information Exchange Instrument (dt. Informationsaustausch und technische Unterstützung), 1996 durch die Europäische Gemeinschaft (EG) eingeführtes Instrument zur rechtlichen Annäherung und Vorbereitung des Beitritts eines Beitrittskandidatenstaats zur Europäischen Union (EU, EU-Erweiterung), da Beitrittskandidaten das geltende EU-Recht einführen und anwenden müssen (sog. *Acquis Communautaire*). Inzwischen auch im Rahmen der Europäischen Nachbarschaftspolitik (ENP) verwendetes technisches Instrument zur Unterstützung durch den kurzfristigen Informationsaustausch mit Sachverständigen.

Transeuropäische Netze

Engl. Trans-European Network (TEN), Beitrag der Europäischen Union (EU) zum Ausbau und der Vereinheitlichung der Verkehrswege (Straßenverkehr, Schienenverkehr, Wasserverkehr) innerhalb des Binnenmarktes der EU und im Rahmen der Europäischen Nachbarschaftspolitik (NEP), insbesondere der Östlichen Partnerschaft. Darüber hinaus wird die Schaffung von Stromnetzen und Telekommunikationsnetzen unterstützt.

© Springer Fachmedien Wiesbaden GmbH, ein Teil von Springer Nature 2023   **139**
Springer Fachmedien Wiesbaden GmbH (Hrsg.), *130 Keywords Europa*,
https://doi.org/10.1007/978-3-658-39296-3_19

1. *Ziel*: Schaffung und Ausbau der Verkehrsinfrastruktur innerhalb des EU-Binnenmarktes (Straßen, Wasserstraßen, Flughäfen, Eisenbahnen, Eisenbahn- Schnellverbindungen, Häfen) und in den Nachbarländern der Östlichen Partnerschaft. Darüber hinaus wird Schaffung von Stromnetzen und Telekommunikationsnetzen unterstützt.

2. *Rechtliche Grundlagen*: Die transeuropäischen Netze werden auf Grundlage des Artikels 170 AEUV geschaffen, um „den Bürgern der Union, den Wirtschaftsbeteiligten sowie den regionalen und lokalen Gebietskörperschaften in vollem Umfang die Vorteile zugutekommen zu lassen, die sich aus der Schaffung eines Raumes ohne Binnengrenzen ergeben, [...] die Union [trägt] zum Auf- und Ausbau transeuropäischer Netze in den Bereichen der Verkehrs-, Telekommunikations- und Energieinfrastruktur bei". Die tatsächliche Umsetzung erfolgt auf Grundlage der Verordnung (EU) Nr. 1315/2013 (ELI: http://data.europa.eu/eli/reg/2013/1315/2019-03-06) und der VO (EU) Nr. 1316/2013 (ELI: http://data.europa.eu/eli/reg/2013/1316/2018-08-02), mit welcher die „Fazilität Connecting Europe" geschaffen worden ist (ein Finanzierungsinstrument).

3. *Hauptrouten/Korridore*: Das Transeuropäische Netz umfasst für den Straßenverkehr neun Hauptrouten/Korridore: 1) Baltic – Adriatic, 2) North Sea – Baltic, 3) Mediterranean, 4) Orient – East-Med, 5) Scandinavian – Mediterranean, 6) Rhine – Alpine, 7) Atlantic, 8) North Sea – Mediterranean, 9) Rhine – Danube.

Twinning

Begriff für Verwaltungspartnerschaft (von engl. Twin, dt. Zwilling) – 1998 durch die Europäische Gemeinschaft (EG) eingeführtes Instrument zur rechtlichen Annäherung und Vorbereitung des Beitritts eines Beitrittskandidatenstaats zur Europäischen Union (EU), da Beitrittskandidaten das geltende EU-Recht einführen und anwenden müssen (sog. *Acquis Communautaire*). Inzwischen auch im Rahmen der Europäischen Nachbarschaftspolitik (ENP) verwendetes technisches Instrument zur Unterstützung einer Partnerverwaltung im Rahmen eines geregelten, längerfristigen Projektes.

Twitter-Politik

Bezeichnet die Nutzung des Kurznachrichtendienstes Twitter.com für politische Zwecke, insbesondere für wirtschaftspolitische Verhandlungen und Statements. In den USA vor allem von Präsident *Trump* im Rahmen der *America-First-Politik* genutzte Möglichkeit, sofort Kurznachrichten zu veröffentlichen. Twitter-Botschaften waren kapp zehn Jahre lang auf 140 Zeichen begrenzt und sind seit November 2017 auf 280 Zeichen begrenzt; per Twitter können nur sehr einfache Botschaften gesendet werden. Das ist Möglichkeit und Problem zugleich. *Trump* versucht per Twitter auch Weltpolitik zu machen und „twittert" gerne zu Fragen der Rüstung, u. a. mit Drohungen und Forderungen. Bekannt geworden im Rahmen der Verhandlungen um die NAFTA 2.0. Auch in der EU und in Deutschland wird Twitter-Politik betrieben. In der Europäischen Union (EU) ist Twitter-Politik besonders im Verhandlungspoker um den Brexit von beiden Seiten eingesetzt worden.

U

Überseeische Länder und Gebiete

1. *Beschreibung:* Außerhalb des europäischen Kontinents gelegene europäische Länder oder Hoheitsgebiete, die zum Staatsgebiet eines der Mitgliedsstaaten der EU gehören oder einen ähnlichen Status haben und damit zur EU „besondere Beziehungen" unterhalten (d. h. ehemalige Kolonien, Treuhandgebiete oder Übersee-Departements). Die Überseeischen Länder und Gebiete sind gemäß Art. 198 AEUV und Anhang II AEUV der EU assoziiert (Assoziierungsabkommen); deren strukturbedingte soziale und wirtschaftliche Entwicklung ist durch die Herstellung enger Wirtschaftsbeziehungen untereinander sowie mit der gesamten EU zu fördern. Wirtschaftliche Nachteile ergeben sich insbesondere aus deren Abgelegenheit, Insellage, geringer Größe, schwierigen Klimabedingungen und wirtschaftlicher Abhängigkeit von einigen wenigen Erzeugnissen. Es handelt sich um ÜLG der EU-Mitgliedsstaaten *Dänemark, Frankreich, Niederlande und Großbritannien.* Darüber hinaus gilt der AEUV direkt für bestimmte ÜLG nach Art. 349 AEUV.

© Springer Fachmedien Wiesbaden GmbH, ein Teil von Springer Nature 2023
Springer Fachmedien Wiesbaden GmbH (Hrsg.), *130 Keywords Europa*,
https://doi.org/10.1007/978-3-658-39296-3_20

2. *Assoziierte ÜLG* (Art. 198 AEUV, Anhang II): Grönland (Dänemark, Art. 204 AEUV); Neukaledonien und Nebengebiete, Französisch-Polynesien, Französische Süd- und Antarktis-Gebiete, Wallis und Futuna (Überseeische Gebiete der Republik Frankreich); Mayotte, Saint-Pierre-et-Miquelon (Collectivités territoriales der Republik Frankreich); Aruba, Niederländische Antillen – Bonaire, Curaçao, Saba, Sint Eustatius, Sint Maarten (Niederlande); Anguilla, Kaiman-inseln, Falklandinseln, Südgeorgien und südliche Sandwich-Inseln, Montserrat; Pitcairn, St. Helena und Nebengebiete, Britisches-Antarktis-Territorium, Britische Territorien im Indischen Ozean, Turks- und Caicos-Inseln, Britische Jungferninseln, Bermuda (Großbritannien).

3. *ÜLG, in denen der AEUV direkt gilt (Art. 349 AEUV):* Azoren (Portugal), Madeira (Portugal), Kanarische Inseln (Spanien), Französische überseeische Departements: Guadeloupe, Französisch-Guayana, Martinique, Réunion, Saint-Barthélemy und Saint-Martin (Frankreich).

4. *Keine ÜLG sind nach Art. 355 V AEUV:* Färöer (ehem. Dänemark), Kanalinseln Alderney, Guernsey, Insel Man (Großbritannien).

5. *Zollabfertigung:* Für die ÜLG gelten besondere Bedingungen. In der Regel gilt die 6. MwSt-RL nicht für die ÜLG, in denen der EUV und AEUV nach Art. 52 EUV direkt gilt. Alle anderen ÜLG, die nach Art. 198 AEUV assoziiert sind, gelten als *Drittländer*. Im letzteren Fall ist eine Ausfuhranmeldung abzugeben, Einfuhrzoll bei der Einfuhr in die EU ist zu zahlen.

Union für den Mittelmeerraum

Abk. UfM, auch EUROMED (Euro-mediterrane Partnerschaft), baut auf dem bereits 1995 eingeleiteten Barcelona-Prozess auf und wurde auf Initiative Frankreichs unter französischer EU-Ratspräsidentschaft im Juli 2008 in Paris gegründet. Die UfM nahm im März 2010 im Rahmen der Europäischen Nachbarschaftspolitik (ENP) ihre Arbeit auf. Neben den damals 27 EU-Mitgliedstaaten handelt es sich um 16 Mittelmeeranrainer-

Staaten: Ägypten, Albanien, Algerien, Bosnien und Herzegowina, Israel, Jordanien, Libanon, Libyen (Beobachter), Marokko, Mauretanien, Montenegro, Palästina, Syrien (seit 2011 suspendiert), Tunesien und Türkei. Davon haben Albanien, Montenegro und die Türkei einen Sonderstatus, da sie im Rahmen der EU-Erweiterung Beitrittskandidaten sind.

V

Verstärkte Zusammenarbeit

Europapolitische Initiative zur verstärkten gemeinsamen Integration einzelner Mitgliedstaaten der Europäischen Union (EU) und der Bildung eines thematischen Kerneuropas.

Rechtsgrundlagen: Art. 20, 44, 45, 46 EUV, Art. 82/83, 86/87 und 326–334 AEUV.

Funktionsweise: Art. 20 Abs. 1 EUV definiert die Verstärkte Zusammenarbeit: „Die Mitgliedstaaten, die untereinander eine Verstärkte Zusammenarbeit im Rahmen der nicht ausschließlichen Zuständigkeiten der Union begründen wollen, können […] die Organe der Union in Anspruch nehmen und diese Zuständigkeiten unter Anwendung der einschlägigen Bestimmungen der Verträge ausüben. Eine Verstärkte Zusammenarbeit ist darauf ausgerichtet, die Verwirklichung der Ziele der Union zu fördern, ihre Interessen zu schützen und ihren Integrationsprozess zu stärken. Sie steht allen Mitgliedstaaten […] jederzeit offen." Mindestens neun EU-Mitgliedstaaten müssen die verstärkte Zusammenarbeit auf einem Gebiet beschließen, das nicht vollständig durch die EU umgesetzt wird. Andere Mitgliedstaaten können später bei Interesse beitreten.

© Springer Fachmedien Wiesbaden GmbH, ein Teil von Springer Nature 2023
Springer Fachmedien Wiesbaden GmbH (Hrsg.), *130 Keywords Europa*,
https://doi.org/10.1007/978-3-658-39296-3_21

Beispiele: Praktische Beispiele der Verstärkten Zusammenarbeit sind die Schaffung der EU-Staatsanwaltschaft (Art. 86 AEUV) und der gemeinsamen EU-Verteidigungsunion (Art. 46 EUV), wobei die Gemeinsame Außen- und Sicherheitspolitik (GASP) ein typisches Beispiel ist. Weitere Beispiele für die Verstärkte Zusammenarbeit in zivilgesellschaftlichen und wirtschaftspolitischen Themen sind die Verstärkte Zusammenarbeit hinsichtlich des „auf die Ehescheidung und Trennung ohne Auflösung des Ehebandes anzuwendenden Rechts" sowie beim Gemeinschaftspatent. Weitere Gemeinschaftsprojekte sind die gemeinsame Währung Euro und der Schengenraum.

Rechtsprechung: Der Europäische Gerichtshof (EuGH) hat mit dem Urteil v. 16.4.2013, Rs. C-274/11 (ECLI:EU:C:2013:240) festgestellt, dass der „Beschluss über die Ermächtigung zu einer Verstärkten Zusammenarbeit nach Art. 329 Abs. 1 AEUV nicht nichtig wegen Unzuständigkeit ist."

Bedeutung: Die Verstärkte Zusammenarbeit sollte die Funktionsfähigkeit und Modernisierung der EU nach der Beitrittswelle seit 2004 sicherstellen. Sie könnte insbesondere in der Krise der Europäischen Union und nach dem Brexit eine Lösung für dringend anstehende Probleme sein.

W

WEU

Abkürzung für *Western European Union, Westeuropäische Union;* am 5.5.1955 errichtet, Ende Juni 2011 aufgelöst; sie umfasste 2010 insgesamt 28 Mitglieder mit unterschiedlichem Status: Mitgliedsstaaten, assoziierte Mitgliedsstaaten, Beobachter und assoziierte Partner. Mitgliedsstaaten waren Belgien, Deutschland, Frankreich, Griechenland, Italien, Luxemburg, die Niederlande, Portugal, Spanien und Großbritannien. Assoziierte Mitglieder waren Island, Norwegen, Polen, die Tschechische Republik, die Türkei und Ungarn. Bloßen Beobachterstatus hatten Dänemark, Finnland, Irland, Österreich und Schweden. Assoziierte Mitglieder waren Bulgarien, Estland, Lettland, Litauen, Rumänien, die Slowakei und Slowenien. Die WEU war auf eine kollektive Selbstverteidigung ihrer Mitgliedsstaaten sowie deren wirtschaftliche, politische und kulturelle Integration gerichtet. Im Amsterdamer Vertrag wurde bestimmt, dass die WEU Bestandteil der Entwicklung der EU ist. Diese Bestimmung wurde im Vertrag von Nizza gestrichen, da die EU die Aufgaben der WEU teilweise an sich gezogen hat. Die WEU hatte wegen der Bemühungen der EU um eine *Europäische Sicherheits- und Verteidigungspolitik (ESVP)* immer mehr an Bedeutung verloren. Mit dem Vertrag von Lissabon, der am 1.12.2009 in Kraft getreten ist, übernahm die EU end-

© Springer Fachmedien Wiesbaden GmbH, ein Teil von Springer Nature 2023
Springer Fachmedien Wiesbaden GmbH (Hrsg.), *130 Keywords Europa*,
https://doi.org/10.1007/978-3-658-39296-3_22

gültig alle Aufgaben der WEU. Am 31.3.2010 teilte der Vorstand der WEU mit, dass die WEU aufgelöst wird.
Die vollständige Auflösung wurde Ende Juni 2011 vollzogen.

Wirtschafts- und Sozialausschuss der EU (WSA)

Abkürzung für Wirtschafts- *und Sozialausschuss der EU (WSA).*

1. *Gegenstand:* Der WSA (Art. 13 IV EUV-Lissabon, Art. 300 II, IV und Art. 301–304 AEUV) ist ein sog. *Nebenorgan* oder *Hilfsorgan* der EU. Er dient durch die Abgabe sogenannter Stellungnahmen der Beratung des Rats der Europäischen Union und der Europäischen Kommission.

2. *Zusammensetzung:* Der WSA setzt sich aus Vertretern der wichtigsten Interessengruppen (Unternehmen, Gewerkschaften, Verbraucher, Branchenverbände, Berufsverbände, Landwirte etc.) des wirtschaftlichen und sozialen Lebens innerhalb der Gemeinschaft zusammen; diese sind drei verschiedenen Obergruppen zugeordnet (Arbeitgeber, Arbeitnehmer, übrige Bereiche des wirtschaftlichen und sozialen Lebens). In Gestalt des WSA sind die maßgeblichen mitgliedsstaatlichen und transeuropäischen Verbände in den politischen Willensbildungsprozess und in das Rechtssetzungsverfahren der EU eingebunden.

3. *Mitglieder:* Der WSA besaß seit dem 1.1.2007 344 Mitglieder. Deren nationale Verteilung ergab sich aus dem in Art. 7 des Protokolls Nr. 36 zum EUV (ex-Art. 258 EGV) festgelegten Schlüssel (der in ziemlich losem Zusammenhang zur unterschiedlichen Größe der Mitgliedsstaaten stand). Mit dem Vertrag von Lissabon wird die Höchstzahl der Mitglieder durch Art. 301 AEUV auf 350 beschränkt (der Schlüssel ergibt sich seitdem aus einem neu zu fassenden Beschluss des Rates). Die meisten Vertreter haben Deutschland, Frankreich, Italien und Großbritannien mit jeweils 24 Mitgliedern.

Die Mitglieder des WSA werden von den jeweiligen nationalen Interessenverbänden nominiert und auf Vorschlag der nationalen Regierungen für die Dauer von vier Jahren vom Rat persönlich (*ad personam*) ernannt (nach Inkrafttreten des AEUV auf die Dauer von fünf

Jahren). Die Wiederernennung ist zulässig. Die Mitglieder des WSA sind an Weisungen nicht gebunden und üben ihre Tätigkeit in voller Unabhängigkeit zum allgemeinen Wohl der EU aus. Mit dem Brexit wird sich die Zusammensetzung ändern.

4. *Bedeutung:* Vor einer Entscheidung über einen (Gesetzgebungs-)Vorschlag der Europäischen Kommission ist das jeweilige Projekt und der dazugehörige Entwurf zunächst dem Europäischen Parlament und – in der Mehrzahl der Fälle – auch dem WSA zur Stellungnahme zu unterbreiten.

Die Stellungnahmen des WSA spiegeln die Auffassungen der beteiligten Gruppen zu einem Gesetzgebungsvorhaben wider; die Stellungnahmen binden aber weder den Rat noch die Europäische Kommission und sie besitzen auch keine aufschiebende Wirkung. Nachhaltige Akzente konnte der WSA in der Vergangenheit in Gestalt des Entwurfs für die sogenannte EU-Sozialcharta setzen. Im Laufe der Zeit hat sich eine wachsende Zahl von Interessenverbänden außerhalb des WSA „europäisch" organisiert, um die eigenen Anliegen unmittelbar an die Europäische Kommission und den Rat der Europäischen Union heranzutragen.

Z

Zollunion

Spezifisches Konzept zur regionalen Handelsliberalisierung. Im Zuge der Verwirklichung einer Zollunion werden zwischen den beteiligten Volkswirtschaften (schrittweise) alle Zölle und Kontingente beseitigt; parallel hierzu werden gleichzeitig die von den Mitgliedsländern gegenüber Drittländern angewendeten Zölle und Kontingente aneinander angeglichen, sodass nach außen hin ein einheitliches Zollrecht gilt.

Bedeutung: Eine Zollunion (so auch im Fall der Europäischen Union) dient i. d. R. als *Vorstufe* zur Errichtung eines gemeinsamen Binnenmarktes oder einer Wirtschaftsunion (regionale Integration). Der zur Gründung einer Zollunion erforderliche politische Konsens zwischen den beteiligten Ländern ist wegen des Verlustes der nationalen handelspolitischen Autonomie erheblich schwieriger zu erreichen als bei einer Freihandelszone.

Eine Zollunion verstößt prinzipiell gegen den Grundsatz der *Meistbegünstigung* des GATT bzw. der World Trade Organization (WTO).

© Springer Fachmedien Wiesbaden GmbH, ein Teil von Springer Nature 2023
Springer Fachmedien Wiesbaden GmbH (Hrsg.), *130 Keywords Europa*,
https://doi.org/10.1007/978-3-658-39296-3_23

Art. XXIV des GATT-Abkommens definiert die Bedingungen, unter denen eine Zollunion zwischen Staaten, die Vertragspartner im Rahmen des GATT sind, zulässig ist.

Beispiel: Die EU ist die bekannteste und wirtschaftlich bedeutendste Zollunion mit 28 Mitgliedsstaaten (vgl. Art. 28 AEUV); der Brexit (Ende März 2019) wird die Zahl der Mitgliedstaaten auf 27 reduzieren. Weitere Zollunionen: MERCOSUR, CARICOM, CEMAC, UEMOA, EAC, Southern African Customs Union (SACU).

Zollverein

1. *Zusammenschluss* von Staaten zur Vereinheitlichung des Zollwesens und zum Abbau der Zollschranken, unter Umständen als Vorstufe einer Zollunion.
2. In Deutschland entstanden 1828 der *süddeutsche, mitteldeutsche* und *norddeutsche Zollbund*, 1833 wurde der „Deutsche Zollverein" gegründet als Zusammenschluss des bayerisch-württembergischen und des preußisch-hessischen Zollvereins mit Sachsen und Thüringen. Mit dem am 1.1.1834 in Kraft getretenen Zollverein wurden die Binnenzölle aufgehoben und der wirtschaftliche Zusammenschluss der deutschen Länder auch auf anderen Gebieten vorbereitet, so z. B. die Allgemeine Deutsche Wechselordnung von 1847, die in den Folgejahren von den Zollvereinsstaaten in Kraft gesetzt wurde. Der Vereinszolltarif wurde 1838 auf Grundlage des preussischen Zolltarifes geschaffen, der lediglich 43 alphabetisch sortierte Warengruppen enthielt. Schon 1842 gehörten dem Deutschen Zollverein 28 der 39 Bundesstaaten an. 1854 gehörten dem Zollverein alle Staaten des späteren Deutschen Reiches mit Ausnahme von Mecklenburg, Hamburg, Bremen und den später hinzugekommenen Gebieten Schleswig-Holstein und Elsass-Lothringen an. Bremen trat erst 1884, Hamburg 1888 bei, nachdem die Freihäfen ein Zollausschlussgebiet ermöglichten. Bis 1888 traten insgesamt 39 dt. Staaten bei, so auch Luxemburg, allerdings ist Österreich nie beigetreten. Ein bedeutender Verfechter des Zollvereingedankens war Friedrich List. Der Deutsche Zollverein führte zur wirtschaftlichen Integration und Gründung einer Währungsunion, da

der Vereinstaler als Zahlungsmittel durch die Münzkonventionen von 1838 und 1857 eingeführt wurde. Darüber hinaus wurden Maße und Gewichte vereinheitlicht, was zur Erleichterung des Handelslebens führte. Der Deutsche Zollverein ist ein frühes Beispiel der wirtschaftlichen Integration und gilt mit Einschränkungen als Vorbild für die europäische Einigung im Rahmen der Europäischen Union (EU).

Printed in the United States
by Baker & Taylor Publisher Services